VERLAG
BERGER

Neustart und Rückkehr ins Leben

nach einem Herzinfarkt
mit 31 Jahren

Ratgeber für deine mentale und
körperliche Herzgesundheit

Eva Ingrid Pisec

Eva Ingrid Pisec, die Autorin, geb. am 14.11.1963 in Wien, wohnhaft in der Region Wachau/Dunkelsteinerwald, ist seit 30 Jahren im familieneigenen Unternehmen und seit mehr als 20 Jahren nach einer Ausbildung zur Trainerin in Gesundheit und Sport und einem Masterstudium in Sportmanagement und Wirtschaft in diesen Bereichen in Kursen und Vorträgen tätig.

www.heart-life.care

Verlag Berger Horn/Wien
www.verlag-berger.at

Lektorat: Ilona Wenger | ilona.wenger1@chello.at
Layout & Cover: Lukas Novak
Druck: Ferdinand Berger & Söhne GmbH, 3580 Horn

1. Auflage 2024
ISBN 978-3-99137-079-6

Zuschriften bitte an:
Petra Bauer | Youtube: @caramia2202 – Instagram: @caramia.gbl

Neustart und Rückkehr ins Leben

nach einem Herzinfarkt
mit 31 Jahren

Eva Ingrid Pisec

VERLAG
BERGER

Vorwort

Ich freue mich sehr und es ist mir eine große Ehre, das Vorwort für das von meiner Schwester Eva erste selbstverfasste Buch schreiben zu dürfen.
Es geht um meine Geschichte, die auch mir heute nach über 20 Jahren unrealistisch, wie ein Abschnitt aus einem anderen Leben, vorkommt.
Eva hat anhand meiner Erzählungen alles in Schriftform gebracht und für mich ist es sehr berührend, diese Zeilen zu lesen und alles noch einmal zu erleben.
Die Freude am Schreiben und das gemeinsame Durchleben einer einzigartigen Zeit hat meine Schwester dazu bewogen, alles in Worte zu fassen. Unsere Verbindung ist dadurch so stark, ja fast magisch geworden, sodass wir, ohne miteinander zu sprechen, schon spüren, was die andere denkt oder fühlt.
Für mich ist ganz klar und ich bin eigentlich der Überzeugung, dass dieser Schicksalsschlag eine Möglichkeit und eine Chance ist, etwas entstehen zu lassen, das vielen Menschen helfen kann. Meine Schwester und ich möchten gemeinsam unsere Erfahrungen weitergeben und anderen unser Wissen und Know-how vermitteln sowie gleichzeitig aufklären, dass Herz-Kreislauferkrankungen, die immer noch die Todesursache Nummer Eins sind, durch Prävention verhindert werden könnten. Es ist nicht selbstverständlich, dass ein Herzinfarkt so ausgeht, wie es bei mir gewesen ist, daher ist Vorbeugung wichtiger denn je und

dieses Buch, beginnend mit meiner Biografie, ist der ideale Ratgeber für körperliche und mentale Herzgesundheit.

GESUNDHEIT ist unser wichtigstes Hab und Gut und durch nichts zu ersetzen. Arthur Schopenhauer sagte schon:

„Gesundheit ist nicht alles, aber ohne Gesundheit ist alles nichts."

Ein großes Dankeschön an meine wunderbare Schwester Eva, die in der schwersten Zeit meines Lebens an meiner Seite war. Ich freue mich sehr auf unsere gemeinsame Zukunft und viele schöne Momente mit ihr und vielen lieben Menschen, welchen wir auch mit Rat und Tat zur Seite stehen werden.

Alles Liebe,
HERZLICHST
Petra

Inhaltsverzeichnis

7. Meine herzbewusste mentale Gesundheit................163

8. Das heutige Leben – 20 Jahre nach dem Herzinfarkt.... 193

Einleitung – Vorgeschichte

Liebe Leserinnen und Leser!

Bevor nun die eigentliche Geschichte beginnt, möchten wir euch die Beweggründe erzählen, wie es überhaupt dazu gekommen ist, dass dieses Buch, welches ihr nun in Händen hält, entstehen durfte.

Wir sind zwei Schwestern, Petra und Eva, die seit ihrer Kindheit schon immer sehr miteinander verbunden waren, haben aber durch ein besonderes Schicksal einen noch engeren Zusammenhalt erfahren.

Es war vor 21 Jahren, Petra, die Jüngere von uns beiden, uns trennt eine Altersdifferenz von sieben Jahren, erleidet aus heiterem Himmel und ohne größere Vorankündigung mit 31 Jahren einen schweren Hinterwandherzinfarkt. Dieses Ereignis ist wie ein Komet in unser Leben gekommen und es ist sozusagen kein Stein auf dem anderen geblieben.

Der damalige „Lebensstil" von Petra, heute würde man „Lifestyle" dazu sagen, entsprach nicht ganz dem einer gesunden Lebensweise. Sie war sich dessen nicht wirklich bewusst, denn im Großen und Ganzen ernährte sie sich gesund und betrieb auch regelmäßig Sport, war daher auch von schlanker Figur und hatte ihr Idealgewicht. Für eine junge Frau in den Dreißigern war es zu der Zeit auch absolut normal und üblich, die sogenannte

„Pille“, ein hormonelles Verhütungsmittel, einzunehmen und auch in Gesellschaft beim Ausgehen gelegentlich eine Zigarette zu rauchen. Die Kombination dieser beiden Faktoren, stellte sich später dann heraus, könnte ein beteiligter Auslöser für den Herzinfarkt gewesen sein, obwohl man damals vom medizinischen Standpunkt beim Verschreiben der „Pille“ nicht vom Konsum von Tabakprodukten abgeraten hatte. Es traten dann einige Fälle auch in den Vereinigten Staaten von Amerika auf, wo junge Frauen im Alter von 30 Jahren oder auch noch jünger einen Herzinfarkt oder auch einen Schlaganfall erlitten haben. In beiden Fällen wird meistens ein Blutgefäß im Herzen oder im Gehirn durch ein „Blutgerinnsel“, einem sogenannten Thrombus, teilweise oder komplett verschlossen. Das Gewebe beziehungsweise der Herzmuskel werden in dem betroffenen Bereich nicht mehr ausreichend durchblutet und mit Sauerstoff versorgt, dadurch sterben die Zellen in dieser Körperregion ab. Die Folgen sind natürlich fatal, und, wenn nicht eine sofortige Hilfeleistung stattfindet, sind diese in den meisten Fällen irreparabel.

Wie kann man den „Lebenswandel“ von Petra noch beschreiben, um einen Eindruck von ihrem Leben „davor“ zu bekommen? Wenn man sich so zurückerinnert, fällt einem eigentlich nichts Besonderes dazu ein. Das Bild einer hübschen, sportlichen, gesunden und jungen Frau erscheint in meiner Gedankenwelt, die darüber nachdachte, eventuell eine Sport- und Gesundheitstrainerausbildung zu absolvieren, da sie ja Bewegung liebte! Sie war sozusagen eine Amazone im Reitsport, erreichte im Dressursport sogar einmal fast olympisches Niveau, konnte dann aber auf Grund eines damaligen Länder-Boykotts mit ihrem Pferd nicht daran teilnehmen und an den Start gehen.

Sie hatte Freude an vielen Arten von körperlicher Ertüchtigung wie Tennis spielen, Wandern in den Bergen, Laufen, Nordic-Walken sowie an verschiedenen Arten von Turngymnastik.

Im beruflichen Bereich stand meine Schwester Petra schon ziemlich unter Druck, da sie ja zu diesem Zeitpunkt noch für ein Versicherungsunternehmen arbeitete und für ein ausreichend monatliches Einkommen viele neue Kunden anwerben und neue Verträge abschließen musste. Sie wusste auch damals schon sicher, dass diese berufliche Tätigkeit nicht dem entspreche, was sie ihr ganzes Leben ausüben wollen würde!

Nun werdet ihr euch wahrscheinlich fragen, ob denn Petra auf Beziehungsebene oder mit einem Partner ein glückliches Zusammenleben geführt hatte? Man kann diesen Lebensbereich als „heikel" und konfliktbeladen einstufen. Ihre Wahl fiel meistens auf einen Mann, der sich selbst in einer komplizierten Lebenssituation befand und für den es nicht möglich war, einen längeren gemeinsamen Lebensweg mit ihr zu gehen beziehungsweise eine gemeinsame Zukunft mit ihr zu planen. Es waren verschiedene Gründe, die sich dann ergaben, dass ihre Begleiter sie nicht für längere Zeit partnerschaftlich begleiten konnten. Petra erlebte jedes Mal und immer wieder auf emotionaler Ebene den sogenannten „Herz-Schmerz", der für ihre körperliche sowie auch seelische Gesundheit nicht gerade von Vorteil war.

Es steht wahrscheinlich für viele die Frage im Raum und das haben wir beide Schwestern uns schon tausende Male gefragt, was war denn der Auslöser für dieses einschneidende Ereignis in Petras Leben oder welche Faktoren waren mitverantwortlich?

Genau wird man das wahrscheinlich nicht so leicht herausfinden, denn selbst für die Mediziner*innen ist der Fall von Petra nicht so einfach zu bewerten, da sie im klassischen Sinn nicht der Person entsprochen hat, die man als „herzinfarktgefährdet" einstufen würde. Die Student*innen der medizinischen Fakultät der Universität Wien wurden von dem damaligen Chefarzt der Abteilung, in welcher Petra zu dem Zeitpunkt untergebracht war, unterrichtet und als besonderes medizinisches Beispiel angeführt.

Nun beginnt aber die Reise durch unser Buch mit dem Tag, der einschneidend im Leben von Petra war und vieles neu gestaltete.

Dieser Abschnitt, das betrifft die ersten 18 Seiten, wird von meiner Schwester selbst erzählt. Nach ihren Erzählungen durfte ich den Text verfassen und niederschreiben.

Eva Ingrid Pisec

»Dein Verstand zeigt dir die Richtung, dein Herz sagt dir, was wirklich zu tun ist!«

1. Der Herzinfarkt – dem Tod nur knapp von der Schaufel gesprungen

1.1 Das Ereignis und wie der damalige Tag verlief (erzählt aus der Sicht meiner Schwester Petra)

Es war Sonntag, der 5. Mai 2002, der Tag begann wie jeder andere, aber ein Tag, den ich sicher in meinem ganzen Leben nicht mehr vergessen werde.

In der Früh stand ich auf, um für meine damals siebenjährige Tochter Lisa-Marie das Frühstück vorzubereiten. Wie immer nahm ich die Zutaten aus dem Küchenschrank und freute mich auf einen freien gemeinsamen Tag mit meiner kleinen Tochter. Ich fühlte mich nur nicht ganz so wohl wie sonst und hatte auch am Tag davor Kreislaufprobleme, welchen ich aber keine zu große Bedeutung schenkte. Ich stellte Lisa-Marie ihr Frühstück hin, dann überkam mich ein leichtes Schwindelgefühl und ich ging ins Badezimmer, um mich ein wenig frisch zu machen, doch ich fühlte mich nicht wirklich besser. Aus dem leichten Schwindel entwickelte sich so ziemlich plötzlich ein gigantisches Übelkeitsgefühl, zu welchem sich dann ein Brennen in der Brustgegend hinzugesellte. Langsam ging ich in das Wohnzimmer zurück, um mich auf das Sofa zu legen, zu diesem Zeitpunkt war mir unheimlich übel, wie zum Sterben so schlecht!

Als meine Tochter Lisa-Marie dann auch ins Zimmer kam, sah sie mich totenblass auf der Bank liegen. Sie war natürlich sehr beunruhigt und fragte mich, ob sie irgendetwas für mich tun könnte. Ich bat sie, mir ein Glas Wasser und meine Kreislauftropfen zu bringen, in der Hoffnung, dass mir *dies* helfen könnte, aber es war vergeblich, mein Zustand verschlechterte sich immer mehr und meine Intuition sagte mir, dass mit meinem Herz etwas nicht stimmen konnte.

Geistesgegenwärtig forderte ich dann Lisa-Marie auf: „Lisa, bitte ruf die Oma und den Opa an und bitte sie, die Rettung zu alarmieren, denn es geht mir nicht so gut!" Lisa nahm dann den Telefonhörer in die Hand und wählte die Telefonnummer meiner Eltern. Ein paar Tage zuvor habe ich mit meiner Tochter diesen Vorgang, die Großeltern anzurufen, geübt! Ich musste eine gewisse Vorahnung gehabt haben, zu dieser Zeit war es noch nicht so einfach wie heute, am Mobiltelefon einen Knopf zu drücken, um eine Person telefonisch erreichen zu können.
Meine Eltern saßen zu diesem Zeitpunkt gerade beim Frühstück. Sie wählten selbstverständlich sofort die Telefonnummer des Notarztes sowie jene der Rettung, waren sich aber über den Ernst der Lage noch nicht ganz im Klaren. Erst nach dem zweiten Anruf meiner Tochter Lisa, wann sie denn nun endlich kommen würden, wussten sie, dass es Zeit wäre, ins Auto zu springen und sich auf den Weg zu meiner Wohnung, die sich ungefähr zehn Minuten von meinem Elternhaus entfernt befindet, zu machen.
Ich lag nach wie vor auf dem Sofa und hatte die Beine hochgelagert. Ich verspürte einen brennenden Schmerz in meinem Brustbereich und dieser ließ mich vermuten, dass etwas mit meinem Herz nicht in Ordnung sein musste. Man hört ja im-

mer, dass bei einem nahenden Herzinfarkt ein Brennen in der Brust zu spüren ist! Zu dieser intensiven und schmerzhaften Wahrnehmung in der zentralen Region meines Oberkörpers breitete sich zusätzlich auch in meinem linken Arm ein Gefühl der Schwere aus und zog diesen zu Boden. Mit letzter Kraft nahm ich dann den Telefonhörer in die Hand, um nochmals meine Eltern anzurufen. Die beiden befanden sich aber schon auf dem Weg zu mir und ich sagte zu ihnen: „Ich spüre ein Brennen in der Brust und ich glaube, es ist das Herz!“, dann legte ich auf, nahm wieder auf dem Sofa Platz und wurde langsam immer schwächer und schwächer. Ich hatte meinen Körper zu diesem Zeitpunkt nicht mehr unter Kontrolle, es wechselten sich Schüttelfrost mit Schweißausbrüchen ab. Meine Tochter Lisa-Marie stand neben mir und war verzweifelt, wusste nicht mehr, was sie tun sollte, und rief dann immer wieder: „Mama, Mama!“, doch ich konnte nicht mehr darauf reagieren. Das war für mich die schlimmste Situation, nämlich derart hilflos zu sein, um nicht auf die Rufe meiner Tochter reagieren zu können. Es fühlte sich eigentlich so an, wie in eine Narkose zu fallen. Die Stimme von Lisa-Marie entfernte sich immer weiter und weiter, dann überkam mich eine Todesangst! Ich wusste zwar, dass Hilfe kommen musste, konnte aber nicht einschätzen, wann denn diese eintreffen würde. Dann verlor ich das Bewusstsein. Als das Notarztteam dann schließlich eintraf, hatte sich meine Herzfunktion bereits auf „Kammerflimmern“ reduziert.

Ab diesem Zeitpunkt kenne ich alles, was sich weiter ereignete, nur aus den Erzählungen meiner Familie.

Meine Eltern betraten nun meine Wohnung, Lisa-Marie kam ihren Großeltern weinend entgegengelaufen und diese sahen mich dann gleich bewusstlos und leichenblass auf dem Sofa liegen. Meine Tochter Lisa-Marie war unendlich froh, dass nun

Hilfe eingetroffen war und sie diese unerträgliche Situation nicht mehr alleine meistern musste.
Der Notarzt, Herr Dr. Moser, erkannte sofort den Ernst der Situation. Die Sanitäter hoben mich vom Sofa auf den Boden, da sie eine harte Unterlage benötigten. Es musste alles sehr schnell gehen und deshalb schnitten sie den Pyjama auf, um an meinen Brustkorb zu kommen. Der Notarzt verabreichte mir dann in intravenöser Form Medikamente, die zur Blutverdünnung beitragen würden und er nahm an, dass mit hoher Wahrscheinlichkeit ein Thrombus die Blutzufuhr zu meinem Herzen blockieren würde, sich also eine Thrombose ereignet haben könnte. Diese Aktionen zeigten aber zuerst keinen Erfolg, denn der Monitor, der die Herztätigkeit anzeigen sollte, zeigte eine Null-Linie an, was den sogenannten Herzstillstand bedeutete. Das Sanitäter- und Ärzteteam hatte nun die Aufgabe, mein Herz wieder zum Schlagen zu bringen, deshalb begannen sie zuerst mit der Herzmassage. Als diese aber nicht zum Erfolg führte, wurde schließlich der Defibrillator eingesetzt, um das Organ zu reaktivieren. In Summe waren es neun Anwendungen, um mich wiederzubeleben. Es wurden auch einige Rippen dabei gebrochen, der Erfolg stellte sich aber dann endlich ein und das Herz begann wieder zu schlagen. Meine Eltern und meine Tochter Lisa-Marie waren überglücklich und sehr erleichtert! Die Null-Linie war nun wieder aufgelöst und welch ein Glück, das Schlagen meines Herzens wurde wieder auf dem Monitor aufgezeichnet! Das Beatmungsgerät wurde aktiviert und mit meinen Atmungsorganen verbunden. Ich wurde dann auf einer Krankenbahre aus der Wohnung getragen, um in den unten auf der Straße wartenden Rettungswagen verlegt zu werden. Dieser sollte mich dann in das Wiener Allgemeine Krankenhaus transportieren.

Es war ja ein absoluter Notfall und nach Einschätzung der Verkehrssituation hatte das Team der Sanitäter*innen und Ärzt*innen vorsorglich einen Rettungshubschrauber angefordert, der in der Nähe meiner Wohnung auf einer Wiese landete, die, wie mir später erzählt wurde, mit wunderschönen roten Mohnblumen übersät war. Der Krankenwagen brachte mich nun dorthin, um mich sozusagen „umzuladen" und mich in Folge in die Klinik zu fliegen. Als wir nach kurzer Zeit dort ankamen, hatte ich gleich direkt nach der Ankunft erneut einen Herzstillstand! Ich war aber in diesem Krankenhaus in besten Händen und das Team der Ärzt*innen kümmerte sich sofort darum, mein Herz erneut wieder zum Schlagen zu bringen! Dies gelang schließlich auch wieder! Ich wurde in einen Überwachungsraum in die Notaufnahme gebracht und es erfolgte im notfallmedizinischen Bereich alles Notwendige, um meinen Körper am Leben zu erhalten!

Meine Körpertemperatur wurde auf 33 Grad reduziert und mein Organismus wurde zur Schonung in einen komatösen Zustand versetzt. Diese Maßnahmen sollten der Erholung meines Herzens sowie aller anderen Organe dienen. Durch diese medizinische Vorgangsweise wurden auch meine Gehirnfunktionen geschont. Alle notwendigen Geräte wurden an meinen Körper angeschlossen, um meine Lebensfunktionen zu überwachen und aufzuzeichnen. Eine Untersuchung, bei der ein dünner Schlauch aus Kunststoff durch die Hauptschlagader zum Herzen gelegt wird, konnte durchgeführt werden, um die Durchlässigkeit der Herzkranzgefäße zu kontrollieren. Diese Untersuchungsmethode zeigte dann, dass sich der blockierende Thrombus vollständig aufgelöst hatte und alle Gefäße wieder durchlässig und frei waren.

Das Team der Ärzt*innen vermutete, dass auch ein eventuell angeborener Herzfehler, wie etwa ein Loch im Herzen oder eine andere Abnormität, der Grund für diesen Vorfall gewesen sein könnte. Die Mediziner*innen waren sich immer noch nicht im Klaren, was zu dem Herzstillstand geführt haben konnte.

Nach meiner Ankunft mit dem Hubschrauber in der Klinik war meine Familie zu diesem Zeitpunkt schon vollzählig anwesend und wurde genau über meine gesundheitliche Situation aufgeklärt und informiert. Die Ärzt*innen waren in ihren Aussagen sehr offen und berichteten, dass bei mir noch immer akute Lebensgefahr bestehe und keiner wisse, ob ich die nächsten Stunden überleben würde!

Für meine Tochter Lisa-Marie war das ein riesiger Schock und die ganze Situation war für sie eine enorme körperliche und seelische Belastung. Das kleine Mädchen musste von speziell dafür geschulten Ärzt*innen psychologisch betreut werden, damit ihre kindliche Psyche vor gravierenden Folgeschäden so weit wie möglich bewahrt werden würde. Lisa-Marie hat mir später erzählt, dass sie zu mir ans Krankenbett kommen durfte, aber jede Berührung scheute, da ich so zerbrechlich aussah und noch dazu an so vielen Geräten und Kabeln angeschlossen war, damit alle meine Lebensfunktionen aufrechterhalten werden konnten. Für ein Kind in diesem Alter war es nicht leicht zu verstehen, warum denn ihre Mama in einem schlafenden Zustand und „so verkabelt“ in diesem Krankenhausbett liegen müsste und momentan auch nicht aufwachen würde, um mit ihr sprechen zu können. Das Team für psychologische Kinderheilkunde vermittelte dem kleinen Mädchen dann vorsichtig, um ihr vor allem auch die Angst zu nehmen und zu erklären, in

welchem gesundheitlichen Zustand sich ihre Mama befinden würde, welche Funktionen die Maschinen denn genau übernehmen müssten, um mich, ihre Mama, auch sicher am Leben erhalten zu können. Das Mitarbeiter*innenteam der Klinik sprach in einer so sensitiven und liebevollen Art mit meiner kleinen Tochter, wurde mir später immer wieder erzählt, um sie mit der speziellen Situation vertraut zu machen und ihr die Zuversicht zu vermitteln, dass ihre geliebte Mama ganz bald wieder gesund werden würde.
Lisa-Marie wurde dann aus meinem Krankenzimmer in einen anderen Raum geführt, damit ihre psychologische Betreuung nun fortgesetzt werden konnte.

Auch heute noch, nachdem schon so viele Jahre vergangen waren und Lisa-Marie zu einer hübschen, jungen Frau herangewachsen ist, zeigt sie sich immer wieder besonders besorgt um mich! Es darf bei ihr noch einiges mental und psychisch aufgearbeitet werden und doch wird dieses Erlebnis für immer in ihrem Gedächtnis bleiben.

1.2 Meine Wahrnehmungen im Tiefschlaf oder Koma

Viel später nach meiner Genesung wurde ich immer wieder gefragt, ob ich mich denn an irgendwelche Vorfälle oder Aussagen von Mitmenschen erinnern könnte, als ich mich in dem Zustand des „Komas“ befand. Die Erinnerungen an diesen Zeitabschnitt, der mein weiteres Leben wirklich bedeutend geprägt hat, sind teilweise schemenhaft und verschwommen. Es flackern aber in meinem Gedächtnis doch einige Situationen auf, an die ich mich relativ deutlich erinnern kann.

Als ich auf dem Sofa in unserem Wohnzimmer lag und ich die Stimme meiner kleinen Tochter, Lisa-Marie, nur mehr ganz entfernt hören und nur mehr sehr abgeschwächt wahrnehmen konnte, trat der sogenannte „Herzinfarkt“ ein. Danach fiel ich ja in eine tiefe Bewusstlosigkeit.
Als nächste kurze Wahrnehmung fiel mir der Moment ein, den ich im Hubschrauber beim Flug zum Krankenhaus verbracht haben muss. Ich nahm für einen kurzen Augenaufschlag das Bild von Monitoren und Geräten wahr, dann tauchte ich wieder in eine Welt der Dunkelheit ein.
In der Zeit, die ich auf der Intensivstation verbracht habe, bekam ich jeden Tag Besuch von meiner Schwester, Eva, welche den Kontakt mit den Ärzt*innen hielt und sich nach meinem Zustand erkundigte und in Erfahrung bringen wollte, welche weiteren medizinischen Vorgangsweisen denn geplant seien.
Diese tägliche Anwesenheit von Eva war, im Nachhinein gesehen, für mich auf körperlicher, seelischer, emotionaler sowie geistiger Ebene wieder gesund zu werden, von sehr großer Bedeutung! Viele Leute und sogar Mediziner*innen, die in der Notfallmedizin tätig sind, fragen sich ja immer wieder, ob die Kommunikation mit nahen Verwandten und den Patient*innen im Koma-Zustand eine Auswirkung auf ihre weitere Genesung haben könnte.

Meine Schwester kommunizierte auf der Intensivstation im Krankenhaus sozusagen täglich auf „einseitige Art und Weise“ mit mir. Sie erzählte mir dann viel später, als ich wieder in mein neues Leben in voller Gesundheit zurückgekehrt war, was sie mit mir so während der Zeit, als ich mich im Tiefschlaf befand, gesprochen hatte. Von ihren Erzählungen her weiß ich, dass es sich meistens um Alltagsgeschichten gehandelt hatte, was sich so tagtäglich in ihrem Leben mit der Familie sowie mit den Kindern zu Hause ereignet und abgespielt hatte. Sie berichtete mir aber auch von zukünftigen Lebenssituationen, in welchen wir uns schon beide zusammen befinden würden. Sie erzählte mir von der gemeinsamen Arbeit in unseren Kursen und Seminaren sowie von den Unternehmungen und Reisen, die wir in der Zukunft noch vorhaben würden, sie brachte mir auf geistiger Ebene mein zukünftiges Leben durch ihren intensiven Zuspruch ganz nahe.

Eva sagte mir auch immer wieder, dass ICH von ihr und von jedem einzelnen Familienmitglied von Herzen geliebt und gebraucht werden würde und alle innigst und voller Freude meine Rückkehr in Gesundheit zu Hause erwarten würden. Ich hörte also immer wieder, dass ich GELIEBT, GEBRAUCHT UND ERWARTET werden würde! Diese immer wiederkehrenden Worte dürften in mir etwas ausgelöst haben, auch wirklich den Drang und den Wunsch zu verspüren, ins Leben ZURÜCKKEHREN zu wollen!

Während mein physischer Körper auf Tiefschlaf programmiert war, wurde durch die Erzählungen meiner Schwester, Eva, „irgendetwas“ in mir ausgelöst, das meinen Willen ZU LEBEN aktiviert hatte! Verschiedene Vorgänge auf seelischer und körperlicher Ebene müssen daher stattgefunden haben, um meine Rückkehr in EIN LEBEN in vollkommener GESUNDHEIT zu ermöglichen!
Ich kann mich jedenfalls auch aus heutiger Sicht noch immer an die warme und weiche Stimme von Eva erinnern, die ich eindeutig im Zustand des Tiefschlafs oder „Komas“ wahrgenommen haben muss.

Einmal durften während der Besuchszeit neben meiner Schwester auch andere Familienmitglieder anwesend sein. Zu diesem Zeitpunkt, wurde mir erzählt, war auch mein Neffe, Franz, bei mir und hatte für diesen Besuch für mich eine sogenannte Playlist mit Songs zusammengestellt, die auf einem Band gespeichert war. Während ich noch im Tiefschlaf in meinem Krankenhausbett lag, setzte mir Franz die Kopfhörer auf und spielte mir diese Lieder vor. Die Klänge der Musik dürften ebenfalls eine tiefgreifende Wirkung auf mein Unterbewusstsein und auf meine emotionale Ebene gehabt haben. Während mir diese Melodien vorgespielt wurden, rannen mir plötzlich die Tränen über die Wangen, obwohl ich mich im Koma, in einem bewusstlosen Zustand, befand! Es war so berührend, meine Eltern mussten mein Krankenzimmer verlassen, da sie selbst so zu Tränen gerührt waren und diesen Zustand nicht ertrugen! Aber es war ja eigentlich ein Wunder, durch die Musik wurden diese Emotionen in mir geweckt, die bei mir und bei meinen Lieben, die an meinem Bett standen, eine tiefe innere Rührung auslösten und uns eine Welle der Liebe erfasste!

Dieses Erlebnis war für uns alle, die anwesend waren, so tief bewegend und wird in unseren Gedanken immer präsent bleiben. Viel später, als wir wieder einmal über diese Geschichte gesprochen haben, erzählte mir mein Neffe, Franz, welche Lieder er damals für mich aufgenommen hatte und spielte mir diese dann auch vor. Die Melodie der Lieder löste bei mir selbst im Wachzustand diese Emotionen wieder aus, die in meinem Unterbewusstsein auf einer gewissen Ebene gespeichert sein müssen. Auch diesmal begannen mir wieder die Tränen über die Wangen zu rinnen.

Der Klang der Musik hat mich an diese Situation erinnert, die ich aber damals nicht wahrgenommen haben kann. Auf einer anderen Ebene, in meinem Unterbewusstsein, ist meine Erinnerung in mein Bewusstsein zurückgekehrt.

Meine Tochter, Lisa-Marie, befand sich zu dieser Zeit in der Obhut der Familie meiner Schwester Eva. Sie war in dieser speziellen Situation dort absolut gut und sicher aufgehoben und in ein besonders liebevolles Familienleben eingebettet. Noch heute bin ich Eva so dankbar dafür, dass sie Lisa-Marie damals so liebevoll bei sich zu Hause aufgenommen und versorgt hat. Für meine Schwester war die komplette Eingliederung von meiner Tochter in ihre Familie natürlich eine Selbstverständlichkeit. Für mich war diese beruhigende Tatsache in Bezug auf seelischer und geistiger Ebene ein bedeutender Beitrag und ein weiterer wichtiger Baustein auf dem Weg meiner vollkommenen Genesung.

1.3 Die Rehabilitation und der Kuraufenthalt

Nach meinem mehrwöchigen Krankenhausaufenthalt war dann im Anschluss ein einmonatiger Rehabilitations- und Kuraufenthalt in einem Sanatorium für Herz- und Kreislauferkrankungen für mich vorgesehen. Allein dieser Umstand war natürlich in meinem damaligen Alter von nur 31 Jahren schon sehr gewöhnungsbedürftig. Obwohl es nach so einem schweren Herzinfarkt mit Herzstillstand, der zweimal stattgefunden hatte, selbstverständlich klingen mag, dass nach dem Krankenhausaufenthalt und vor der Rückkehr ins Leben eine längere Erholungs- und Aufbauphase von absoluter Notwendigkeit sei und auch für jeden nachvollziehbar war. Dieser Kurort, der sich in Österreich befindet, war ungefähr eine Stunde mit dem Auto von der Bundeshauptstadt Wien erreichbar.

Schon beim Eintreffen waren einige andere Kurgäste über mein jugendliches Alter überrascht und drängten mich dazu, gleich von meiner besonderen Geschichte zu erzählen.

Zu diesem Zeitpunkt war ich wirklich die jüngste Patientin in dieser Kureinrichtung, welche sich auf ungefähr 1.000 Höhenmeter befand, da in sogenannten „Höhenluft-Kurorten" die Regeneration besonders wirkungsvoll für die körperliche Erholung sein sollte.

Dieser mehrwöchige Rehabilitationsaufenthalt war von vielen Untersuchungen, verschiedenen gesundheitsfördernden Therapie-, Aufbau- und Bewegungsprogrammen geprägt.

Während meines Kuraufenthaltes lernte ich verschiedene Persönlichkeiten und Leute kennen, die mich zu dieser Zeit begleiteten. Es war wirklich interessant, sich mit den Menschen zu unterhalten, die ebenfalls dort zur Erholung waren und jeder für sich ein besonderes Schicksal hatte. Ich war ja, wie gesagt, zu diesem Zeitpunkt im Vergleich zu den anderen Kurpatient*innen sehr jung und im Laufe dieser Gespräche lernte ich die Geschichten der anderen kennen, ich erzählte natürlich auch meine Version und begann im Ansatz, mein Erlebnis, welches mich so tief geprägt hatte, zu verarbeiten. Es war selbstverständlich ein für mich sehr tiefgreifend traumatisches Ereignis gewesen, welches auch im mentalen und geistigen Bereich Spuren hinterlassen hatte, die es nun galt, aufzuarbeiten. Sooft ich auch schon im Krankenhaus und in der Zeit danach darüber nachdachte und versuchte, mich zu besinnen, ob ein sogenanntes „Nahtoderlebnis" stattgefunden hatte, ich konnte mich bis heute an keine lichtvolle Wahrnehmung oder außerkörperliche Erfahrung erinnern. Vom medizinischen Standpunkt aus gesehen ist mein Herz ja kurzfristig sogar zweimal sozusagen „still"-gestanden. Die Leute haben mich auch immer wieder gefragt, wie mein Empfinden während dieser Phase war und ob ich „eine strahlende Lichtformation" oder Ähnliches gesehen hätte. Immer wieder versuchte ich mich in die damalige Situation hineinzuversetzen und herauszufinden, ob ein derartiges Erlebnis stattgefunden hatte, es gelang mir aber nicht wirklich. Ich erinnere mich jedenfalls an keine lichtvolle und außerkörperliche Situation, in welcher ich in grenzenloser Liebe über meinem Körper schwebte. Wahrscheinlich hat mein Unterbewusstsein diese „Szene" ausgeknipst, da es einfach nicht vorgesehen war, dass mein Leben zu Ende sein sollte! Es schien, dass für meine Zukunft noch viele Aufgaben und besondere Erlebnisse vorgesehen waren und ich daher unserem wunderschönen Planeten Erde noch erhalten bleibe.

Zurück zu meinem Rehabilitationsaufenthalt, dort beteiligte ich mich mit Freude an den verschiedenen Therapie- und Bewegungsprogrammen. Ich wollte mich ja so schnell wie möglich erholen, um rasch wieder zu Kräften zu kommen und um ins sogenannte „neue Leben" zurückkehren zu können.
Es ging mir nach einigen Wochen mit vollem Therapie- und Aufbauprogramm schon wieder viel besser. Das Hauptaugenmerk wurde während meines Aufenthaltes sozusagen auf „mein Herz" gelegt, im medizinischen Fachjargon betrifft das den kardiologischen Bereich. Unter ärztlicher Anweisung sollen dann die Herz-Kreislaufpatient*innen in Form von sportlichem Ausdauertraining wieder lernen, ihr Herz zu belasten. Mehrmals wöchentlich nahmen die Patientinnen und Patienten an Wanderungen mit steigender Intensität teil. Gegen Ende der

Rehabilitation ging es mir im Herz-Kreislaufbereich schon um einiges besser, es gesellte sich nun aber ein anderes gesundheitliches Problem hinzu. Auf Grund einer Nahrungsmittelunverträglichkeit hatte ich einige Kilogramm an Gewicht verloren und vertrug kaum noch Lebensmittel, behielt diese auch nicht bei mir. Die Ärzt*innen und Therapeut*innen waren ziemlich ratlos und konnten mir in diesem Bereich nicht wirklich weiterhelfen, da in dieser Kureinrichtung der Fokus auf Regeneration des Herz- und Kreislaufsystems lag. Nun wurde ich wieder zurück in das Wiener Allgemeine Krankenhaus verlegt, diesmal wurde ich aber in der Abteilung für Gastroenterologie, die sich um die Behandlung des Verdauungssystems kümmert, aufgenommen, um abzuklären, warum es bei mir zu so massiven Problemen gekommen war. Nach einigen Untersuchungen wurde bei mir eine Unverträglichkeit gegen „Gluten" festgestellt, diese Krankheit wird als die sogenannte „Zöliakie" bezeichnet. In diesem besonderen Fall kann der Körper im Verdauungstrakt gewisse Proteine oder Eiweißverbindungen nicht aufspalten. Die Folge ist eine Schädigung der Dünndarmschleimhaut, die aus fingerförmigen Erhebungen besteht, um die Oberfläche für die Resorption oder Aufnahme der Nährstoffe zu vergrößern und damit zu optimieren. Es ist somit eine Schädigung der Darmzotten die Folge, die sich dann fast komplett zurückbilden und keine Nährstoffe mehr in den Körper und zu den Organen weiterleiten. Auf diese Weise können dann enorme Defizite entstehen, die wiederum eventuell für ein Herzversagen mitverantwortlich sein könnten. In einem späteren Kapitel wird noch genauer auf dieses Thema der „Nahrungsmittelunverträglichkeiten" eingegangen. Auf Grund dieser Diagnose musste ich mit Hilfe einer Diätberatung genau lernen, meine Ernährung komplett umzustellen und jedes Lebensmittel zu meiden,

welches „Gluten“ enthalten könnte. Das bedeutete den Verzicht auf die gängigen Getreidesorten wie Weizen, Dinkel, Roggen, Gerste und auch Hafer, obwohl diese letztgenannte Getreideart noch den geringsten Anteil an Gluten aufweist.
Diese Diagnose war für mich zu Beginn wirklich eine Schocknachricht, mit der Zeit begann ich mich aber an diese Situation zu gewöhnen und informierte mich immer mehr über diese Nahrungsmittelunverträglichkeit und ich war auch froh, vielleicht einen der Gründe gefunden zu haben, welcher eventuell mitverantwortlich an einem Auslösen meines Herzinfarkts beteiligt gewesen sein könnte.

1.4 Die Rückkehr ins Leben mit Hindernissen

Nachdem ich das Krankenhaus nun zum zweiten Mal verlassen hatte, kehrte ich nicht mehr an den Kurort zurück, sondern beendete im Einverständnis mit den Ärzt*innen die Rehabilitation. Bis auf den ernährungsspezifischen „Zwischenfall“ hatte ich die Therapien sehr erfolgreich absolviert und mein Gesundheitszustand war im kardiologischen Bereich wirklich zufriedenstellend.

Während der Trainings- und Therapieeinheiten wurde ich ja genau darüber informiert und hatte auch gelernt, damit umzugehen, mein Herz-Kreislaufsystem in den verschiedenen Intensitäten zu belasten. Ich verlor sozusagen die Angst und Sorge, dass meinem „Herz“ wieder etwas passieren könnte und verstand auch, dass sich die sportliche Belastung im Herz-Kreislaufbereich in Form von ausdauernder Bewegung sogar sehr positiv auswirken würde.

Ich freute mich daher sehr, die Zustimmung meiner Ärzt*innen erhalten zu haben, wieder ein „normales“ Leben führen zu dürfen, das heißt, mein Herz während eines Herz-Kreislauftrainings und auch im Alltag belasten zu können. Eine herzbewusste und gesunde Lebensweise „ohne die Pille und das Rauchen“ wurde mir von den Mediziner*innen nahegelegt, was ich selbstverständlich beherzigen wollte.
Nachdem ich mir die Kenntnisse angeeignet hatte, welchen Diätplan ich nun einhalten sollte, also welche Lebensmittel auch dafür geeignet wären, kam ich mit meiner neuen Ernährungsweise, auf welche dann noch wie versprochen in einem Punkt des Kapitels „Meine bewusste Form der Ernährung“ eingegangen wird, eigentlich ganz gut zurecht. Es war eine sehr große Umstellung für mich und für meine Familie, da im Prinzip alle davon betroffen waren und immer Rücksicht auf meine glutenfreie Diät genommen werden musste. Bei den verschiedenen Familientreffen oder Feiern kam dieser Umstand dann zum Tragen. Zuerst war ich in unserer Familie der einzige „Fall“, bald stand ich mit meinem Schicksal nicht mehr alleine da, denn auch meine Schwester Eva erhielt eine ähnliche Diagnose, was auch bei ihr zu einer kompletten Lebensumstellung geführt hat. Davon wird aber auch später berichtet und wie diese schicksalhaften Ereignisse meine Schwester und mich noch mehr verbunden haben.

Die Rückkehr in mein sogenanntes „Alltagsleben“ ließ noch etwas auf sich warten, denn es gesellten sich zu den bisherigen Ereignissen noch zwei weitere dazu. Mit der Bezeichnung „der Alltag“, wie ihn viele Menschen nennen, kann ich mich auch nicht wirklich anfreunden, denn seit meinem traumatischen Erlebnis finde ich, dass einfach jeder Tag, an dem ich gesund

und munter in der Früh aufwache, besonders und einzigartig ist und sowieso kein Tag dem anderen gleichen kann. Es findet ja laufend Veränderung statt, wir verändern uns ständig, eine Sekunde oder auch Minute später ist nichts mehr, wie es war. Über diese Perspektivenänderung, die seitdem bei mir stattgefunden hat, wird im nächsten Kapitel berichtet.

Kehren wir nun zu dem Zeitpunkt zurück, im damaligen Sommer, an dem ich von dem Kur- und anschließenden Klinikaufenthalt in meine Wohnung und in mein Leben zurückkehren wollte. Es ereilte mich der nächste Vorfall und es ereignete sich in der Woche nach meiner Rückkehr aus der Klinik. Ich hatte mein Fahrzeug, damals einen Volkswagen-Golf, in die Autowerkstatt zu einem Kontrolltermin gebracht und wollte es am nächsten Tag wieder abholen. Jedoch beim Hinausgehen aus dem Werkstattbüro zu meinem Fahrzeug übersah ich einen Ölfleck auf dem Boden, rutschte aus und stürzte schwer. Bei diesem Sturz zog ich mir einen Schulter- und Oberarmbruch zu. Man rief wieder die Rettung und ich wurde dann sofort in dem nächsten nahegelegenen Krankenhaus medizinisch versorgt. Es wurde mir ein Gipsverband angelegt, was mein Leben natürlich erneut nicht gerade erleichterte. Zuerst war ich schon ziemlich verzweifelt, da ich nun wieder nicht in mein Berufsleben zurückkehren konnte und weiterhin im sogenannten „Krankenstand“ verweilen musste. Ich arbeitete damals als Agentin bei einem österreichischen Versicherungsunternehmen. Mein damaliger Dienstgeber war schon ziemlich erstaunt und natürlich erschüttert, dass sich nach dieser Zeitspanne ein weiterer Krankheitsfall hinzugesellte. Für mich war dieser Umstand natürlich auch sehr unangenehm, aber was sollte ich tun, es blieb mir wieder nichts anderes übrig, als diese Situation zu akzeptieren, anzunehmen und das Beste daraus zu machen.

Zuerst mussten die Frakturen in den Schulter- und Oberarmknochen für sechs Wochen ruhiggestellt werden. Nun saß ich wenigstens zu Hause und war zum sogenannten „Nichtstun“ verurteilt. Alle Pläne, die ich vorgehabt hatte, zu verwirklichen, mussten auf die Warteliste gesetzt werden. Meine Familie, Freund*innen und Kolleg*innen unterstützten mich natürlich während dieser Zeitspanne auch sehr. Sie halfen mir bei Arbeiten im Haushalt und brachten mir sogenanntes „Beschäftigungsmaterial“ in Form von Büchern mit. Zu dieser Zeit habe ich sehr viel gelesen, damals kam auch das erste Mal der Gedanke bei mir auf, „meine Geschichte“ auch einmal niederzuschreiben! Ich nutzte also diese Zeitspanne der Ruhe und sammelte die ersten Unterlagen für das zukünftige Werk in Buchform. Meine Gedanken kreisten immer wieder darum, wer denn dieses Buch verfassen beziehungsweise schreiben sollte. Wer könnte sich in dieses Thema so hineinleben und dann alles niederschreiben, es musste ein Mensch sein, der mir sehr nahe ist, am besten mit mir verwandt ist! Da fiel mir eigentlich nur meine Schwester Eva ein, die ja schon immer sehr gerne Texte oder Aufsätze in Form von Arbeiten im Laufe ihrer Ausbildung verfasst hatte. So sollte es dann ja auch sein, meine Schwester wird meine Geschichte für mich niederschreiben.

Hier endet die direkte Erzählung von Petra und Eva fährt in ihrem Sinne fort.

Nach einigen Wochen des Rückzugs sowie der anschließenden physiotherapeutischen Therapien ging es Petra besser und alles war wieder gut verheilt. Sie kehrte in ihr Berufsleben als Beraterin in einem Versicherungsunternehmen zurück und war eigentlich sehr glücklich, wieder am Leben in beruflicher und privater Sicht teilnehmen zu können. Selbstverständlich war sie dann auch mobil, was für sie ein sehr wichtiger Umstand war, da Petra durch den Gipsverband am Lenken eines Fahrzeuges gehindert war.

In den folgenden Monaten ging es ihr in gesundheitlicher und beruflicher Weise soweit wieder sehr gut, dann wurde sie ungefähr im Spätherbst von ihrem Dienstgeber zu einem mehrtägigen Weiterbildungsseminar, welches außerhalb von Wien in einem Seminarhotel stattfinden sollte, eingeteilt. Petra freute sich natürlich, da dieser Aufenthalt eine willkommene Abwechslung in ihrem beruflichen Alltag sein sollte. Die Arbeit in dem Versicherungsunternehmen machte ihr grundsätzlich Freude, obwohl schon immer öfter das Gefühl aufkam, dass es nicht die Tätigkeit sein sollte, die sie für den Rest ihres Lebens ausüben wollte. Immer öfter dachte sie daran, in beruflicher Hinsicht etwas ändern zu wollen, aber zuerst sollte es noch anders kommen und es konnte ihr noch nicht gleich gelingen, ihre Pläne in die Tat umzusetzen.

Die Vorbereitungen für das Weiterbildungsseminar liefen optimal und Petra war guter Dinge, selbst dort auch vorzutragen beziehungsweise auch von den Vorträgen der Kolleg*innen profitieren zu können. Es waren fast alle Mitarbeiter*innen ihrer Abteilung bei dem Seminar vertreten. Der Ablauf lief nach Plan und sie verbrachte dort eine wirklich für sie produktive und interessante Zeit. Am späten Nachmittag des dritten Seminartages hielt jede*r noch eine kleine zusammenfassende Abschiedsrede und danach wollte auch Petra ihren Heimweg antreten. Es herrschten zu diesem Zeitpunkt sehr kalte und winterliche Wetterverhältnisse. Nachdem sie das Seminarhotel verlassen hatte, wollte sie zu ihrem Fahrzeug gehen, überquerte den verschneiten Parkplatz vor dem Seminargebäude und bemerkte nicht, dass sich unter dem Schnee teilweise vereiste Stellen befanden. Kurz bevor sie ihr Auto erreichte, rutschte sie wieder aus und stürzte schwer, sie hatte sich noch einmal, zwar an einer anderen Stelle, aber am gleichen, nämlich linken Oberarm, eine Fraktur zugezogen! Nach dem Aufprall wusste Petra gleich, dass sie wieder eine Verletzung erlitten hatte! Es war wirklich wie verhext und sie war schon sehr verzweifelt, da sie ja nun erst wieder so gut in ihr Leben hineingefunden hatte! Eine Kollegin brachte Petra dann sofort in das nächstgelegene Krankenhaus, wo sie gleich wieder medizinisch behandelt und versorgt wurde. Es wurde ihr wieder ein Gipsverband für sechs Wochen angelegt, diesmal war aber „nur" der Oberarmknochen betroffen, der Schulterbereich war zum Glück verschont geblieben. Selbstverständlich war sie wieder teilweise auf Hilfe angewiesen, aber Familie und ihr Freundeskreis unterstützten Petra, so wie beim letzten Mal, wirklich sehr. Auf diese Art und Weise meisterte sie auch diese unangenehme Situation gut und trotz dieses erneuten Rückschlages freute sie sich, nun wirklich bald und endgültig „ihr wiedergewonnenes Leben" aufnehmen zu können. Es hat sich durch diese Ereignisse und Vorfälle sehr viel in ihrem Leben verändert.

1.5 Die Änderung der Sichtweise und Perspektive

Nachdem nun bei Petra auch nach dem zweiten Sturz alle Knochenbrüche wieder vollkommen verheilt waren und sie sozusagen „wiederhergestellt" war, befand sie sich kurz nach der Abnahme ihres Gipsverbandes in einer fast euphorischen

Glücksphase und dachte, was sollte schon noch in ihrem Leben passieren, da sie nun viel „überstanden und überlebt“ hatte! Petra war so froh und glückstrahlend und hätte die Welt umarmen können! Diese Glückseligkeit hielt ein paar Tage an, aber dann versiegte so schön langsam der Strom der Endorphine und sämtlicher anderer Glückshormone in ihrem Körper und sie begann nachzudenken, warum denn eigentlich genau ihr diese Vorfälle und Ereignisse in ihrem noch so jungen 31-jährigen Leben passiert sind? In einem einzigen Jahr hatte Petra einen schweren Hinterwand-Herzinfarkt, eine Nahrungsmittelunverträglichkeit, die sie auch an die Grenze des Zumutbaren brachte und mit einer enormen Gewichtsabnahme einherging sowie hatte sie zwei schwere Stürze mit diversen Knochenfrakturen überlebt! Das kann einem menschlichen Individuum schon einiges abverlangen, so mancher erlebt in einem ungefähr achtzig- bis neunzigjährigen Menschenleben nicht einmal ein einziges oder vielleicht ein solches Erlebnis in der Art und Intensivität! Nach der sogenannten „Hochphase“ fiel sie dann in ein „Loch“ und begann zu überlegen, welchen Sinn sich das Leben für sie ausgedacht hatte, dass sie so etwas erleben musste?
Vor allem stellte Petra sich die Frage, welcher höherer Gedanke dahinterstecken könnte, was sie durch diese Ereignisse vielleicht lernen soll?

Es gingen ihr so viele Fragen über den Sinn des Lebens durch den Kopf, es war wirklich nicht so leicht, diese alle einzuordnen.

Nach all diesen Überlegungen, die sie auch immer wieder anstellte, war ihr schon klar geworden, dass ihr das Leben auf diese Art und Weise etwas mitteilen wollte. Auf ihrem weiteren

Lebensweg soll Petra den „Fokus“ darauf richten, was die lehrreiche Essenz dieses schon bedeutungsvollen Lebensabschnittes für sie gewesen sein soll. Nach dieser Erkenntnis kam sie zu der Schlussfolgerung, ihre Sichtweise auf bestimmte Dinge zu ändern, die Prioritäten sollen neu gesetzt werden. Das hört sich jetzt vielleicht für manche wirklich etwas kompliziert an, aber kurz und bündig zusammengefasst:

Ihre Perspektive auf die essentiellen Dinge im Leben erfährt eine Neugestaltung!

Manche werden sich nun fragen, was damit gemeint sein soll. Die vorhergehende Beschreibung klingt vielleicht wirklich etwas hochgestochen, aber das, was sie darüber denkt, ist eigentlich ganz einfach zu erklären:

„MEIN HERZ“ soll in den Fokus gestellt werden!

Petra muss ihrem Herzen, das ja ohne Rast und Ruhe ständig und ununterbrochen daran arbeitet, ihre Lebensfunktionen aufrechtzuerhalten, mehr an Bedeutung schenken, denn dieses lebenswichtige Organ ist das Zentrum ihres Daseins und irgendetwas scheint damit nicht gestimmt zu haben, denn sonst wäre es nicht **sogar zweimal** stehengeblieben.

Antoine de Saint-Exupéry

»Man sieht mit dem Herzen gut, das Wesentliche ist für die Augen unsichtbar.«

2. Das neue Leben

2.1 Die Veränderung und Neuordnung

Nach einigen Wochen der intensiven Gedankenarbeit, während dieser Zeit Petra ihre Gedankenströme zu ordnen versuchte, hatte sie sich wieder gesammelt. Sie war nun ins Berufsleben zurückgekehrt und diese Tätigkeit war auch eine willkommene Ablenkung und sehr gut für meine Schwester. Viele Gespräche, die innerhalb der Familie und mit ihren Freundinnen stattfanden, halfen ihr sehr bei dem Prozess, die vergangenen Ereignisse zu verarbeiten. Die einzigartige Verbindung zu ihrer Familie, insbesondere zu mir, ihrer Schwester, spielte eine große Rolle dabei, die für sie spürbar gewordenen Veränderungen neu zu ordnen und den tieferen Sinn der vergangenen Erlebnisse zu erkennen. In immer wiederkehrenden Sitzungen mit mir sprachen wir über das Erlebte und so entstand zwischen uns eine besondere Verbindung und tiefe zwischenmenschliche Kommunikation, die für Petra, aber auch für mich, in einer gewissen Weise therapeutisch wirkte. Schon damals machte ich mir Notizen und Aufzeichnungen, damit auch nichts in Vergessenheit geraten konnte.

Man glaubt diese damals durchgemachten Erlebnisse für immer im Gedächtnis zu behalten und sich an jedes Detail erinnern zu können, gewisse schriftliche Erinnerungen waren aber schon sehr hilfreich.

Wir hatten ja vor, diese Geschichte niederzuschreiben und sie dadurch so vielen Menschen wie möglich zugänglich zu machen. Ungefähr zu diesem Zeitpunkt kam auch die erste Anfrage eines Fernsehsenders, doch in einem Interview darüber zu erzählen. Zu dem Thema „Herzinfarkt – unbeschadet überlebt“ wurde Petra dann in einer Fernsehsendung interviewt und ihre Geschichte sowie die damalige Situation wurden mit ihr und mit ihrer Tochter Lisa-Marie nachgestellt. In der Sendung vor dem Interview wurde es dann als Vorgeschichte gezeigt. Es war sehr aufregend für meine Schwester und Lisa-Marie, diese Situation noch einmal in gewisser Weise zu erleben und sich der Einzelheiten wieder bewusst zu werden. Lisa-Marie sowie ich und meine Töchter, Birgit und Sigrid Sophie, durften dann auch während der Aufzeichnung im Zuschauerbereich dabei sein. Während dieser Sendung wurde Petra auch gefragt, ob sie darüber nicht ein Buch verfassen wolle. Ihre Antwort war, dass sie ernsthaft darüber nachdenken, aber über keine schriftstellerische Begabung verfügen würde. Es dauerte dann wirklich noch fast zwanzig Jahre, bis dieses Vorhaben gemeinsam mit mir, ihrer Schwester, in die Tat umgesetzt werden konnte.
In den Jahren danach folgten noch mehrere Auftritte in diversen Radio- und Fernsehsendungen zu diesem Thema.

Wie schon vorher erwähnt, dachte Petra immer wieder daran, ihre Geschichte mit einem besonderen Schwerpunkt oder Fokus in Verbindung zu bringen und dann darüber ein Buch zu verfassen. Damals schien aber noch nicht der richtige Zeitpunkt für dieses Werk gewesen zu sein, denn der vordergründige Gedanke bei ihr war, ihre berufliche Situation so rasch wie möglich zu ändern, da ihre Tätigkeit nun nicht mehr zu ihrer neuen Lebenssituation passen würde.

2.2 Das Herz-Bewusstsein steht im Fokus

Mit der beruflichen Entscheidung im Gesundheitsbereich als Coach und Trainerin zu arbeiten, hat sich für Petra eine neue Welt eröffnet, die es jetzt zu erobern galt! In ihrer Vorstellung wollte sie dabei so viele Menschen wie möglich erreichen und dafür begeistern! Sportliche Bewegung und ein gesundes Herz-Wohlbefinden sollen als Ergebnis im Fokus stehen!
Die Erfahrungswerte, die ihr durch ihre markanten Erlebnisse zuteilwurden, wollte Petra natürlich miteinbringen. Was war denn der eigentliche Wendepunkt und wodurch haben sich ihre Perspektiven geändert?

Das Leben davor war vorrangig „Kopf-gesteuert", das bedeutet, dass ihre Entscheidungen in erster Linie von ihrem Verstand getroffen wurden. Es war nun wichtig, Entschleunigung in ihr neues Herz-Dasein zu bringen, um von der „Kopfenergie" in die „Herzenergie" zu gelangen!

Dieser Vorgang sollte nun neu gestartet werden und sie zu einem vollkommen neuen Lebensgefühl mit positiver Herzenergie führen! Das wollte sie dann so vielen Menschen wie möglich weitervermitteln!

Diese Verbindung vom „Kopf ins Herz" sollte nun gefunden werden! Was würde das nun für Petra bedeuten oder wie könnte sie diesen Prozess in Gang bringen?

Wie ein Elektriker ein Kabel von einem Zimmer in ein anderes legt, sollte eine Verbindung zwischen ihrem Kopfdenken und ihrem Herzgefühl geschaffen werden. Wie sollte das aber funktionieren und würde sich diese „Elektrifizierung“ dann positiv auf ihr zukünftiges Leben auswirken?

Petra wollte einen Weg finden, der auf Dauer zu einem positiven Zusammenspiel zwischen Kopf und Herz führen könnte.

2.3 Der Wandel von Kopfenergie in Herzenergie

Instinktiv wusste meine Schwester Petra, dass sie vorrangig ihre Denkweise ändern sollte. Ihr Leben ist ihr zum zweiten Mal geschenkt worden und dafür war sie unendlich dankbar und gleichzeitig war dieses Geschenk für sie ein Zeichen, etwas mehr hinter den Vorhang des Lebens zu blicken.

Der Ansatz dafür war in erster Linie schon die Entscheidung für eine Veränderung in dieser Sichtweise und in zweiter Linie hatte sie bei ihren Überlegungen festgestellt, dass es einige Dinge und Tätigkeiten in ihrem sogenannten „Vorleben“ gab, die sich nicht positiv auf ihr Herz und ihre „Herzenergie“ ausgewirkt haben. Diese Umstände wollte sie erkennen und einen sogenannten Prozess der „Entschleunigung“ in Gang bringen. Wie sollte diese Vorgangsweise nun aber aussehen, welche Schritte waren notwendig, den Fokus vom Verstand zu ihrem Herz zu lenken sowie gewisse Denkweisen, Standpunkte und Handlungen zu verändern? Es war schon eine ziemlich große Herausforderung für Petra, oft liebgewordene Gewohnheiten, die täglich stattfanden und sich wie Fixpunkte in ihrem Gehirn verankert haben, zu verändern oder gar ganz und gar wegzulassen. Während ihres Krankenhaus- und Kuraufenthaltes wurden ihr ja unzählige Ratschläge erteilt, wie sie ihren Lebensstil gesünder gestalten könnte. Vieles davon erschien ihr klar und logisch, aber die Entscheidung, tatsächlich eine dauerhafte Umkehr zu bewirken, das musste natürlich von ihrem Herzen kommen! Das war für Petra der springende Punkt!

Diese Verbindung zu erschaffen, konnte nur sie selbst in die Hand nehmen und den Schalter anknipsen! Ihre Kopfenergie soll in Herzenergie umgewandelt werden! Das war für sie der Impuls für „ihr neues Leben“ und es fühlte sich einfach so gut und richtig an, ihr Herz ihrem Verstand überzuordnen!

Über das Konzept und die Schritte, die ihr Leben nach und nach „entschleunigten“ und nun zu ihrer neuen und bewussten Lebensführung gehören, werdet ihr in den folgenden Kapiteln erfahren.

2.4 Das tägliche Herzritual

Im Zuge ihrer neu gewonnenen und bewussten Lebensführung eigneten sich Petra und ich eine liebgewordene Gewohnheit an, nämlich jeden Tag mit dem „Herzritual“ zu beginnen.
Nach dem Erwachen und nachdem die Augen geöffnet sind, sind wir froh und glücklich, den heutigen Tag wieder in Gesundheit erleben zu dürfen. Den neuen und wunderbaren Morgen beginnen wir mit folgenden Gedanken:

„Ich schließe die Augen und versuche, mich mit voller Dankbarkeit und Hingabe mit meinem Herzen zu verbinden. Ich lenke meine Aufmerksamkeit auf einen Strom voller Liebe und Licht, welcher zuerst mein ganzes Herz erfüllen soll und sich dann in meinem ganzen Körper ausbreiten darf. Ich bedanke mich bei meinem Herz, dass es ununterbrochen für mich schlägt und schicke sozusagen als Gegenleistung und um mein Herz zu kräftigen, positive ‚Herzenergie‘ in Form von reiner Liebe, Freude und Glück zurück. Ich stelle mir mein Herz ‚erleuchtet‘ und mit einem goldenen Strahlenkranz umgeben vor! In meiner Vorstellung genieße ich diesen Anblick voller Wärme, der dem Strahlen der Sonne gleicht. Dieses Licht dehnt sich dann über meinen Körper hinaus aus und erfüllt den ganzen Raum, unser Haus, unser Dorf, unser Land, ganz Europa, bis der ganze Erdball und das Universum umfasst ist und in voller Größe erstrahlt. Dann nehme ich drei tiefe Atemzüge, atme durch die Nase ein, lasse den Atem gedanklich in mein Herz strömen und atme durch den Mund wieder aus. Danach komme ich in das Hier und Jetzt wieder zurück, öffne meine Augen und freue mich auf einen wunderbaren und neuen Tag!“

Durch diese morgendliche Meditation lade ich sozusagen auch unbewusst das „Energiefeld meines Herzens“ auf, welches aber von sich aus schon über eine fünftausendfach stärkere elektromagnetische Strahlung verfügt als jene, die unser Gehirn umgibt. Wenn wir uns bei unseren täglichen Handlungen und Entscheidungen von unserem Herzen lenken und leiten lassen, sind diese so viel energie- und wirkungsvoller als jene, die wir nur mit unserem Verstand treffen.

Seit ich mir angeeignet habe, jeden Morgen mit meinem „Herzritual“ zu beginnen, hat sich bei mir Vieles zum Positiven geändert. Ich versuche mich, vor allem an den kleinen Dingen des Lebens zu erfreuen! Das ergibt so viel positive Lebensenergie, die mit der Zeit auch in vielen anderen Bereichen meines Lebens ganz von alleine zu einer besseren Wende geführt hat.

Johann Wolfgang von Goethe

»Es muss von Herzen kommen, was auf Herzen wirken soll.«

3. Daten und Fakten rund ums Herz

3.1 Der Aufbau und die Funktionsweise des Herzens

Bisher wurde vor allem von Abläufen und Ereignissen rund um den Herzinfarkt berichtet und wie sich Petras Denkweise und Perspektive danach änderten. Sie erzählte über ihr neues „Herz-Bewusstsein" und, dass sie ab jetzt mehr auf ihr Herz als auf ihren Verstand hören möchte.
Es ist aber auch an der Zeit mehr über unser lebenswichtiges Organ zu erfahren, wie es anatomisch aufgebaut ist und welche Abläufe in unserem Körper in Zusammenhang mit unserem Herzen stattfinden. Es ist ein Wunderwerk der Natur und schlägt seit der ersten Sekunde unseres Lebens unaufhörlich für uns. Umso verständlicher erscheint es, dass man sich für eine herzbewusste Lebensweise entscheiden sollte!

Unser Herz ist ein Hohlmuskel, der in vier Herzkammern unterteilt ist. Dabei gliedert sich das Herz in zwei Hälften, sowohl der rechte als auch der linke Bereich bestehen aus jeweils einer Vorkammer, dem Vorhof, und aus einer Hauptkammer, dem Ventrikel. Die Herzvorhöfe pumpen das Blut synchron, also zeitgleich, in die Herzkammern, die sich zu diesem Zeitpunkt in der Erschlaffungsphase befinden, medizinisch als „Diastole" bezeichnet. Das Blut wird aus den Vorhöfen aufgenommen, etwas zeitversetzt ziehen sich dann die Herzkammern zusammen, während dieses Vorgangs arbeiten die beiden Herzhälften synchron, genannt „Systole“, auch Herzschlagphase, in welcher der Herzschlag entsteht. Die rechte Herzkammer pumpt das sauerstoffarme Blut in den Lungenkreislauf und die linke Herzkammer das sauerstoffreiche Blut in den großen Körperkreislauf.

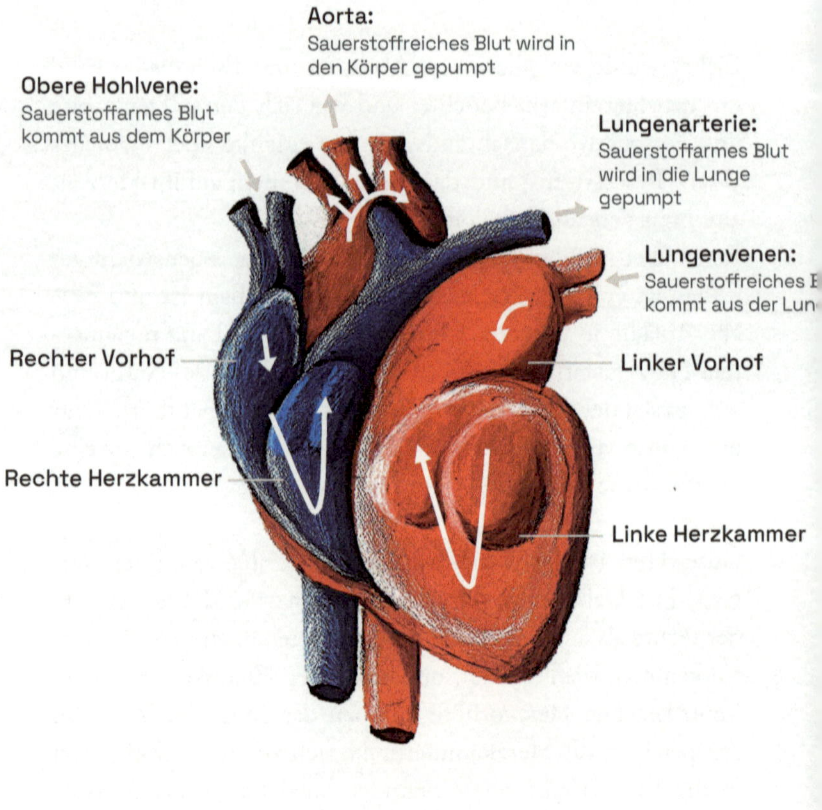

©BORZONE – theropolis@posteo.de | künstlerische Darstellung eines Herzens

Unsere beiden Herzkammern sind unterschiedlich groß, die rechte Herzkammer ist weniger kräftig ausgebaut und deutlich kleiner als die linke Herzkammer. Die rechte Herzkammer pumpt nun das „verbrauchte“ oder sauerstoffarme Blut, das aus dem Körperkreislauf kommt, in den rechten Vorhof, wo es gesammelt wird. Von dort gelangt es über eine Herzklappe in die rechte Herzkammer, die das sauerstoffarme Blut in den Lungenkreislauf pumpt, wo es mit Sauerstoff angereichert wird. Gleichzeitig wird das im Stoffwechsel entstandene Kohlendioxid (CO_2) aus den Zellen abgegeben. Das mit Sauerstoff angereicherte Blut sammelt sich dann wiederum über die Lungenvenen im linken Herzvorhof und gelangt über eine Herzklappe in die linke Herzkammer. Von dort wird dann durch die Aorten-Herzklappe und die Aorta oder Hauptschlagader das Blut in die Arterien, die sich im ganzen Körper verzweigen, gepumpt. Jede noch so abgelegene Zelle kann dadurch erreicht und mit Sauerstoff und Nährstoffen versorgt werden. Dieser großartige Ablauf ist wirklich eine Leistung, ohne diese unser Stoffwechsel nicht funktionieren würde und auch unsere gesamten Körperfunktionen nicht aufrechterhalten werden könnten.
Dieses wunderbar komplexe System ist die Grundvoraussetzung für unser ganzes Leben!

Wenn bei einem Arztbesuch unsere Gesundheitswerte kontrolliert werden, wird auch meistens unser Blutdruck gemessen. Ergibt nun zum Beispiel eure Blutdruckmessung 120/80 mmHg, bedeutet das, dass durch das Zusammenziehen der linken Herzkammer euer Herz einen Druck von 120 mmHg aufbaut (systolische Wert), der während der Erschlaffungsphase eures Herzens auf 80 mmHg (diastolische Wert) abfällt.

Bei eurem nächsten Herzschlag steigt der Blutdruck erneut auf 120 mmHg und fällt anschließend wieder auf 80 mmHg ab. Die Geschichte, woher die Einheit „mmHg“ kommt, ist wirklich interessant und zeigt uns, dass sogar im modernen IT-Zeitalter althergebrachte Bezeichnungen in Verwendung sind und uns das Verständnis für die Maßeinheit sogar erleichtern. „mmHg“ ist also eine Abkürzung, mit welcher die Höhe des Blutdrucks angegeben wird. Die Abkürzung „mmHg“ steht dabei für „Millimeter Quecksilbersäule“ (Hg ist das chemische Formelzeichen für Quecksilber) und stammt noch aus der Zeit, als der Blutdruck mit Geräten bestimmt wurde, bei denen die Höhe von Quecksilber in einer senkrechten Säule gemessen wurde. Heutzutage kommen bei der Bestimmung des Blutdrucks modernere Geräte zum Einsatz, die Maßeinheit „mmHg“ ist jedoch weiterhin in Gebrauch.

Nach dem kurzen Ausflug in die Geschichte der medizinischen Blutdruckmessung kehren wir wieder zu den Blutdruckwerten zurück. Im Fall von Petra war es so, dass sich ihre damaligen Blutdruckwerte zu der Zeit, kurz vor dem Ereignis des Herzinfarktes, relativ unauffällig verhielten, also von der Seite hat es keinen wirklichen Grund zur Besorgnis gegeben. Bei ihr waren andere Risikofaktoren vorhanden gewesen, denen sie damals nicht wirklich eine Bedeutung zugemessen hatte, welchen aber aus heutiger Sicht eine besondere Beachtung geschenkt werden sollte. In einem späteren Kapitel wird dann noch genauer auf die entsprechenden Risikofaktoren eingegangen und besonders auf jene, die damals bei Petra in einem so jungen Alter eine gewichtige und enorme Rolle gespielt haben.

Auch wenn wir uns gesundheitlich in guter Verfassung fühlen, sollen wir präventiv und routinemäßig jedes Jahr im Rahmen eines „Gesundheitsvorsorge-Checks" zu einem oder einer Allgemeinmediziner*in gehen. Diese jährliche Vorsorgeuntersuchung ist auch im staatlichen Vorsorgeprogramm enthalten, wird daher auch von den staatlichen Gesundheitskassen bezahlt. Im Rahmen dieser Kontrolluntersuchung sollen unsere gesundheitlichen Werte überprüft werden. Es wird ein sogenanntes „Blutbild" von uns erstellt, wobei sämtliche Laborwerte, welche die Ärzt*innen zu ermitteln für angemessen halten, ausgewertet werden. Selbstverständlich können noch zusätzliche Positionen, die man selbst und persönlich ausgewertet haben möchte, hinzugefügt werden. Es handelt sich dabei meistens um Blutwerte, die für uns auf Grund von einer genetischen Neigung präventiv von Interesse sein können oder auch der Status von Vitaminen, Mineralstoffen und Spurenelementen im Blut ermittelt werden kann. Das Thema „Vitamine und Nahrungsergänzungen" wird auch noch in einem späteren Kapitel behandelt.

3.2 Der Blutdruck im gesunden Bereich

Während unseres „Gesundheitsvorsorge-Checks" wird neben anderen Faktoren, die auch unseren Lebensstil betreffen können, auch unser Blutdruck gemessen. Dieser Blutdruckwert gibt den Ärzt*innen dann Auskunft darüber, ob sich das Messergebnis in einem für uns gesunden Normbereich befindet oder diesen eben übersteigt und dann entsprechende Maßnahmen gesetzt werden sollen. Meistens befürchten die Menschen ja eher einen „Bluthochdruck", medizinisch auch „Hypertonie" genannt, zu haben und versuchen, diesem so gut wie möglich entgegenzuwirken. Es sollen gesundheitliche Folgeschäden wie Schlaganfall oder Herzinfarkt vorgebeugt und vermieden werden.

Ein „Blutniederdruck“ ist gesundheitlich weniger bedenklich, bei Männern gelten Werte unter 110/60 mmHg und bei Frauen Werte unter 100/60 mmHg als niedriger Blutdruck oder medizinisch als „Hypotonie“ bezeichnet.
Ein niedriger Blutdruck ist selten bedrohlich, nur wenn die Werte zu stark absinken, kann auch ein niedriger Blutdruck gefährlich werden, dann droht eine Ohnmacht, was Kontrollverlust bedeutet und auch ein gewisses Verletzungsrisiko mit sich bringt.
Bei einem Erwachsenen gelten Blutdruckwerte von maximal 120/80 mmHg im körperlichen Ruhezustand als ideal.
Der systolische Blutdruck ist, wie bereits im vorigen Abschnitt erklärt, der obere Wert, der diastolische Blutdruck wird als der untere Wert bezeichnet.

Welcher Blutdruckwert nun als optimal angenommen werden kann, hängt unter anderem auch vom Lebensalter ab. Meist steigen die Werte bei älteren Menschen etwas an, weil auch die Elastizität unserer Gefäße mit den Jahren abnimmt. Die Haus- oder Fachärzt*innen, Kardiolog*innen, sollen entscheiden, ob der persönliche Blutdruckwert schon als „Bluthochdruck oder Hypertonie“ bezeichnet werden kann. Zusätzlich zu der medizinischen Behandlung kann sich ein gesund geführter Lebensstil in den Bereichen Ernährung, Bewegung und Entspannung als optimale Ergänzung auswirken und die Blutdruckwerte positiv beeinflussen.

Wenn im Rahmen einer Kontrolluntersuchung bei einem Arzt oder einer Ärztin bereits erhöhte Blutdruckwerte festgestellt wurden, könnten folgende Hinweise für deine Herzgesundheit von Vorteil sein:

• Achte auf eine ausreichende Versorgung mit Mikronährstoffen und sekundären Pflanzenstoffen (z.B. Magnesium und Omega-3-Fettsäuren, Vitamin D, Vitamin C, B-Vitamine und Coenzym Q10).

• Die Einnahme einer komplexen Mikronährstoffergänzung kann sich nebenbei auch unterstützend bei Schlafstörungen, Antriebslosigkeit, Konzentrationsbeschwerden, Infektanfälligkeit sowie bei Problemen mit Haut, Haaren und Nägeln auswirken.

• Täglich Bewegung in den Alltag einbauen, auch wenn es nur ein kurzer Spaziergang von 20 bis 30 Minuten im Freien ist. Wichtig ist, den Körper an regelmäßige Bewegung zu gewöhnen, das ist ein großes Plus für unsere Herzgesundheit!

• Wir erhöhen vor allem den Anteil von Gemüse und Obst in unserer Ernährung, statt Fleischkonsum genießen wir öfter Fisch, reduzieren den Salzkonsum stark und verwenden mehr Kräuter, um unsere Gerichte geschmacklich zu verbessern.

• Wir trinken ausreichend Wasser und ungesüßten Tee!

Viele Menschen haben ja schon ein sogenanntes Blutdruck-Messgerät zu Hause, um sogar täglich ihren Messwert zu kontrollieren. Diese Routine ist sicher für einige Personengruppen empfehlenswert, insbesondere für Leute, die die Diagnose „Hypertonie oder Bluthochdruck“ haben.

Auch bei Blutniederdruck kann es sinnvoll sein, den Blutdruck öfter zu messen. Wenn der Arzt oder die Ärztin dazu rät, ist es auch für andere Risikogruppen empfehlenswert, seinen Blutdruck regelmäßig zu kontrollieren.
Die Patient*innen notieren sich dann ihre Daten, um selbst ein Gefühl für den persönlichen Blutdruckwert zu bekommen und beim nächsten Arztbesuch schon gut darauf vorbereitet zu sein, um genauer Auskunft geben zu können.

Wir alle möchten ein „herzbewusstes“ Leben führen und in ständiger Verbindung mit unserem Herzen stehen. Dieses „Hineinhorchen“ in unseren Körper kann helfen, rechtzeitig Warnzeichen und Abweichungen zu erkennen, die eventuell später zu gesundheitlichen Beeinträchtigungen und Komplikationen führen könnten.

Im folgenden Unterkapitel soll auf die wichtigsten Risikofaktoren, den Herzinfarkt und die sogenannten koronaren Herzerkrankungen betreffend, hingewiesen werden. Einige davon werden euch vielleicht schon bekannt sein, aber durch die laufende Forschung in der Herzmedizin sowie die Arbeit und die Erfahrungswerte der Ärzt*innen ergeben sich oft neue Wissensquellen, die uns über die Begünstigung einer koronaren Herzerkrankung informieren können.

3.3 Gründe und Ursachen für Herzerkrankungen und wie man das „Heart-Feeling" bekommt

In vielen medizinischen Studien und Fachzeitschriften wird von den verschiedenen Ursachen und Gründen berichtet, die dazu beitragen können, das Auslösen eines Herzinfarktes zu begünstigen. Man spricht von den sogenannten „Risikofaktoren", die beachtet werden sollen, um gesundheitlich keinen Schaden zu nehmen. Es spielt sicher eine Rolle, dass wir alle als jedes einzelne menschliche Lebewesen verschieden sind, wir halten uns in verschiedenen Lebensräumen auf, üben unterschiedliche Berufe aus und die Art und der Stil, wie wir unser Leben führen, könnte im Vergleich zu unseren Mitmenschen nicht unterschiedlicher sein.

Die klassischen Risikofaktoren, die danach noch genauer angeführt werden oder aber auch jene Gründe, die unsere Gesundheit beeinträchtigen können, in unserer Gesellschaft allgemein eher noch nicht bekannt sind, könnten diese sogenannten „versteckten" Auslöser sein und unsere Gesundheit in Gefahr bringen.

Wie schon in den Kapiteln davor berichtet, wird der Fokus auf „unser Herz" gelegt! Wenn es möglich ist, beginnt jeder Tag mit dem „Herzritual", gedanklich wird liebevoll eine Verbindung mit unserem Herzen geschaffen, wir sind dankbar, dass es ununterbrochen für uns schlägt und uns am Leben erhält, wir freuen uns auf den kommenden neuen Tag!

Auch wenn wir täglich nur einige Minuten Zeit für diese „Pflege unserer Herz-Verbindung" aufwenden, werden wir mit

einem vollkommen neuen Lebens- und Herzgefühl belohnt! Wir bekommen ein Gespür oder sogenanntes „Heart-Feeling“, welche Dinge oder Aktivitäten für uns und unseren Körper eine positive Wirkung haben oder sich eher nachteilig auf unsere körperliche und mentale Gesundheit auswirken können.
Wie ihr euer „Heart-Feeling“ aktivieren könnt, werdet ihr erfahren und selbst erkennen, in welchem Fall Vorsicht geboten ist und welche Verhaltensweisen für euch und euren Körper von Nachteil sein könnten.

Bevor wir den Bereich der sogenannten Risikofaktoren behandeln, die eure „Herz-Gesundheit“ beeinträchtigen könnten, möchten wir euch noch ein paar Punkte ans Herz legen, die ihr ganz einfach in euren Alltag integrieren und so euer Gefühl für eure „Herz-Verbindung“ verstärken könnt.

Beim täglichen Verbinden mit dem Energiefeld eures Herzens könnt ihr in verschiedenen Bereichen gedanklich ansetzen. Das Energiezentrum eures Herzens ist tausendfach stärker als jenes, welches euer Gehirn umgibt und transformiert eure Gedanken daher viel effektiver.

Im täglichen Leben begegnen wir ja immer wieder Ausdrucksformen, die das Wort „Herz“ integriert haben. Zum Beispiel sollen wir persönliche Entscheidungen mit unserem Herzen treffen, wir grüßen jemand herzlichst oder wir wünschen jemandem etwas von ganzem Herzen! Diese Herz-Verbindung zieht sich somit wie ein roter Faden durch unser ganzes Leben und dies ist auch gut so, denn es zeigt uns die Richtung an, die sich instinktiv für uns auch richtig anfühlt.

Schon ab dem 22.Tag, also in der 5. Schwangerschaftswoche, nach der Befruchtung im Mutterleib, fängt unser Herz an zu schlagen! Die Herzzellen bauen zu diesem Zeitpunkt elektrische Impulse auf, die sich über das ganze Organ entladen und es damit zum Schlagen bringen. Wie ein Wunder gibt der erste Impuls den Rhythmus vor, der uns unser ganzes Leben begleiten wird! Es entsteht also schon vor unserer Geburt in unserem Herzen der normale Herzschlag, der auch als der sogenannte Sinusrhythmus bezeichnet wird. Unser Herz schlägt in Ruhe 60- bis 80-mal pro Minute, dann kommen so etwa 100.000-mal am Tag zusammen. Bei sportlichen Menschen schlägt es seltener, etwa 50-bis 60-mal pro Minute, da der Herzmuskel trainierter ist und mehr Blut pro Schlag durch den Körper pumpen kann und daher auf weniger Schläge kommt. Wenn wir uns Gedanken darüber machen, ob unser persönlicher Puls oder jener unserer Familienangehörigen normal ist, dann kann man bei Kleinkindern den Richtwert von 100 bis 120 annehmen, bei älteren Kindern und Jugendlichen beträgt der Ruhepuls etwa 80 bis 100 und im Erwachsenenalter wird jener mit 60 bis 80 angenommen, bei Senior*innen kann der Ruhepuls wieder leicht ansteigen.

Die Kenntnis dieser wichtigen und interessanten Basis-Fakten über den Motor unseres Lebens könnt ihr in den Alltag integrieren.

Bei eurem Herzritual sind folgende Punkte schön, die ihr miteinfließen lassen könntet:

• Herzatmung – liebe dein Herz! Versuche, wenn du bewusst deinen Atem ein- und ausströmen lässt, mit voller Liebe in dein Herz zu atmen, wiederhole dies mindestens drei bis fünfmal hintereinander. Du kannst diese Atem-Technik so oft wie möglich in deinen Alltag einbauen.

• Stärke und kräftige dein Herz – in diesem Fall kannst du diese Technik auch mit der Herzatmung verbinden! Stelle dir gedanklich vor, wie du mit deinem Atem in dein Herz stärkende und kräftigende, positive Energie einströmen lässt und dein Herz dir dann leuchtend gestärkt und kräftig erscheint.

• Sei deinem Herzen dankbar! Auch dieses Gefühl der Dankbarkeit kannst du bei der Atemübung *mit einfließen* lassen!

• Freue dich mit deinem Herzen! In deinen Lebenssituationen, die Freude mit sich bringen, lasse dieses wunderbare Gefühl tief in dein Herz einströmen! Du wirst sehen, wie wir unsere „Lebensfreude" noch viel mehr dadurch verstärken können.

• Sorge für dein Herz! In diesem Sinn ist gemeint, auf der einen Seite dein Herz mit Dankbarkeit, Liebe, Freude und mit einem stärkenden, energievollen Atemstrom zu erfüllen. Auf der anderen Seite ist im physischen oder körperlichen Bereich Bewegung optimal, die der Gesunderhaltung unseres Herzens dient und uns ganzheitlich guttut! Diese liebevollen täglichen Routinen unterstützen unser Herz auch im mentalen und seelischen Bereich.

Wie wir diesen noch erweitern können, erfährt ihr in einem späteren Kapitel. Der dritte Bereich der zusätzlichen Versorgung erfolgt durch unsere herzbewusste Ernährung, bei welcher wir unserem Herzen gesunde und wertvolle Nährstoffe in Form von lebendigen sowie vitaminreichen Lebensmitteln zuführen.

Nun kommen wir zu **den klassischen Risikofaktoren,** welchen man Beachtung schenken bzw. welche man vermeiden sollte, um unsere Gesundheit, insbesondere jene unseres Herzens, zu bewahren!

• Der **Tabakkonsum** gilt als der größte Risikofaktor für einen frühen Herzinfarkt oder kann für die Entstehung einer koronaren Herzkrankheit mitverantwortlich sein.

• Ein übermäßiger Genuss von **alkoholischen Getränken** stellt ebenfalls ein stark erhöhtes Risiko für unser Herz dar.

• **Unbehandelter Bluthochdruck** (Hypertonie, >140/90 mmHg) gefährdet unsere Herzgesundheit.

• **Erhöhte LDL-Cholesterinwerte** (>160 mg/dl – >4,1 mmol/l), und niedrige HDL-Cholesterinwerte (>40 mg/dl – >1,0 mmol/l für Männer und 50 mg/dl – 1,3 mmol/l für Frauen). Das bedeutet, der HDL-Cholesterinwert sollte anteilig so hoch wie möglich sein, wobei als Richtwert wird über 40 mg/dl angenommen, wobei der Gesamtcholesterinwert bis 200 mg/dl als normal angesehen wird. Zusätzlich sollen die Triglyceride unter 150 mg/dl sein. Leicht erhöhte Cholesterinwerte werden von medizinischer Seite schon als grenzwertig gesehen, sollen daher individuell ärztlich abgeklärt werden. Erhöhte Cholesterinwerte können bei Einhaltung einer gesunden Ernährung sowie eines bewegten Lebensstils positiv beeinflusst werden.

- Der **Diabetes mellitus (Zuckerkrankheit) Typ 1 und Typ 2** sind chronische Stoffwechselerkrankungen. Beim Typ-1-Diabetes handelt es sich um eine Autoimmunerkrankung, wobei das Immunsystem die insulinproduzierenden Zellen in der Bauchspeicheldrüse angreift und zerstört. Der Körper kann somit nicht mehr ausreichend Insulin herstellen, weshalb dieses zugeführt werden muss. **Der erworbene Diabetes-Typ 2,** welches sich auf dem Boden eines metabolischen Syndroms (Wohlstandssyndrom) entwickelt, ist das Resultat eines ungesunden Lebensstils.

- **Übergewicht oder Adipositas** mit einer Betonung der Fettspeicherung am Bauch. Als Richtwert beträgt der Taillenumfang bei Frauen >80 cm, bei Männern >94 cm); Ein erhöhtes Fettvorkommen am Bauch kann besonders leicht Entzündungen im Körper fördern und somit das Risiko für Herzinfarkt und Arteriosklerose und auch Diabetes steigern.

- **Die Einnahme eines Kontrazeptivums** in Form der sogenannten „Anti-Baby-Pille“, welche bei Frauen als Empfängnisverhütungsmittel, oft aber auch bei unreiner Haut (Akne) verordnet wird, kann das Thromboserisiko erhöhen.

Folgende Punkte können begleitende Risikofaktoren für das Entstehen einer Herz-Kreislauferkrankung sein:

- Leben unter Feinstaubbelastung kann das Entstehen eines Herzinfarkts oder einer koronaren Herzkrankheit begünstigen.

- Die persönliche Genetik, vor allem bei Familienangehörigen ersten Grades, kann dabei auch eine Rolle spielen.

- Eine erhöhte Stressbelastung (Di-Stress belastet den Körper, während eine Eu-Stressbelastung das Gegenteil auslöst und sich positiv auswirkt) im beruflichen oder auch im privaten Bereich kann das Entstehen einer Herz-Kreislauferkrankung beeinflussen.

- Die Wechseljahre der Frau und somit ein veränderter Hormonspiegel können auch während des Klimakteriums das Risiko einer Herz-Kreislauferkrankung erhöhen. Es spielt ebenfalls der Lebensstil der Frau eine tragende Rolle.

- Die Parodontitis ist eine andauernde Entzündung des Zahnhalteapparates, bei welchem das Zahnfleisch zurückgeht und auch der Kieferknochen, in welchem der Zahn verankert ist, beeinträchtigt und angegriffen wird. Nach derzeitigen Erkenntnissen weiß man, dass eine Parodontitis auch eventuell das Risiko für einen Herzinfarkt erhöhen kann.

- Eine soziale Kontaktreduktion oder auch -isolation kann das Risiko für eine Herz-Kreislauferkrankung erhöhen, weil die Balance zwischen Kopf, Herz und Seele des Menschen aus dem Gleichgewicht kommt.

• Wie wir aus der Situation von Covid-19 noch aktuell bis heute wissen, wird durch eine notwendige Reduzierung der Kontakte die Psyche vieler Menschen sehr belastet, was wiederum zu einer Depression führen kann. Die Entstehung koronarer Herzkrankheiten oder kardiovaskulärer Probleme wird begünstigt.

• Ein niedriger sozialer Status kann sich auch auf die Herzgesundheit nachteilig auswirken, da durch das Fehlen von monetären Mitteln ein gesunder Lebensstil oft nicht so leicht umgesetzt werden kann.

• Der **Bewegungsmangel** oder die körperliche Inaktivität stellen einen bedeutenden Risikofaktor dar, da durch fehlende Bewegung die oben angeführten klassischen Risikofaktoren zum Tragen kommen.

Nach der Auflistung der Punkte, deren Beachtung größter Wert zu schenken ist, ist der Abschnitt des Kapitels erreicht, der herzfreundliche Tipps und Empfehlungen für euch bereithält!

Wir möchten die Gesundheit unseres Herzens schützen und unser körperliches und seelisches Wohlbefinden im Gleichgewicht halten! Wir stärken so ganz nebenbei unser „Heart Feeling"!

3.4 Herzbewusste Tipps und gesundheitsfördernde Aktivitäten:

• Wir wollen regelmäßig Bewegung in unseren Alltag einbauen. Es gibt viele Möglichkeiten, sich schon während des Tages so ganz nebenbei zu bewegen, zum Beispiel können wir, wenn es nicht zu viele Stockwerke sind, die Treppen nehmen. Kurze Strecken kann man auch mit dem Fahrrad statt mit dem Auto zurücklegen oder, wenn man ein öffentliches Verkehrsmittel benützt, steigt man eine Station davor aus und geht den Rest zu Fuß! Wenn wir den Vormittag im Büro oder im Home-Office vor dem Laptop verbringen, dann gleich nach dem Mittagessen einen kurzen Spaziergang einplanen, der zugeführte Sauerstoff gibt auch unseren Gehirnzellen wieder Kraft, um uns am Nachmittag besser konzentrieren zu können. Wir werden mit der Zeit selbst immer mehr Möglichkeiten finden und mit einiger Kreativität suchen wir uns sogar gerne Situationen, um mehr Bewegung in unseren Alltag einzubauen!
Es macht Spaß und Freude, wenn wir im Freien sind, den Körper mit frischer Luft versorgen und dann so nebenbei unser Herz- und Kreislaufsystem fordern.

• Wir achten auf unser Gewicht und möchten Übergewicht reduzieren! Gesunde Lebensmittel werden in unseren Alltag eingebaut! Der ständige Blick auf die Waage ist nicht notwendig, es genügt hin und wieder das Gewicht zu kontrollieren.

• Der Zuckerkonsum soll reduziert werden und wir versuchen auf „gesunde Süßigkeiten“ mit natürlichem Zuckergehalt wie vor allem Obst auszuweichen! Trockenfrüchte und Honig sowie Agaven-, Dattel- oder Reissirup sind in kleinen Mengen erlaubt, aber Süßes immer in Maßen genießen!

• Wir verzichten auf das Rauchen! Wer schon länger Tabak konsumiert, es aber nicht schafft, aufzuhören, kann sich über begleitende Maßnahmen informieren, die Erleichterung anbieten, von der Sucht loszukommen. Mit Hilfe von Akupunktur, Hypnose oder Therapeut*innen und Coaches, die persönlich oder online begleiten, ist eine Befreiung oder Beendigung fast schon greifbar nahe. Die Entscheidung dazu müssen wir natürlich selbst treffen. Die Kenntnis, dass sich schon kurz nach dem Rauchstopp der Organismus beginnt zu erholen, hilft vielleicht sich dafür zu entscheiden! Zwanzig Minuten nach der letzten Zigarette normalisieren sich schon Blutdruck und Puls! Sie sind beim Rauchen erhöht, weil das Nikotin beim Rauchen das „sympathische Nervensystem" aktiviert (vegetatives oder unwillkürliches Nervensystem, welches unter anderem auch den Herzschlag und die Atmung reguliert). Nach nur einem Jahr Tabak-Entwöhnung wird das Risiko für einen Herzinfarkt um die Hälfte verringert.

• Wir reduzieren auch unseren Fleischkonsum, ersetzen diesen ein- oder zweimal wöchentlich der Umwelt zuliebe durch regionalen Fisch! Am Wochenende kann zum Beispiel eine Fleischmahlzeit eingeplant werden, die bei einem inländisch nachhaltig arbeitenden Betrieb gekauft wurde.

• Wir bevorzugen mediterrane Kost, die laut anerkannten Studien eine LDL-cholesterinsenkende und herzschützende Wirkung aufweist, mit viel Olivenöl und Fisch, etwas Pasta und Gemüse, wie wir sie zum Beispiel in unseren Urlaubsländern Italien und Spanien so lieben!

- Wir essen täglich eine Handvoll Beeren, die uns mit Vitaminen und Antioxidantien versorgen. Wenn diese saisonal nicht zur Verfügung stehen, können wir auf die Tiefkühlvariante ausweichen.

- Wir konsumieren täglich eine kleine Handvoll Nüsse, die reichlich Omega 3-Fettsäuren und Mineralstoffe enthalten, unter anderem auch Magnesium, welchem eine herzschützende Wirkung nachgesagt wird, und Herz-Rhythmusstörungen vorbeugen kann.

- Wir versorgen unseren Körper mit ausreichend Flüssigkeit wie Wasser oder ungesüßten Tee, davon sollten wir täglich mindestens zwei Liter trinken. Ein Flüssigkeitsmangel würde unser Herz belasten, da es schneller pumpen muss, um unsere anderen lebenswichtigen Organe zu versorgen.

- Wir achten auf unsere Zahngesundheit! Dazu gehören die tägliche Zahnpflege sowie der regelmäßige Besuch beim Zahnarzt, auch eine zweimalig jährlich stattfindende professionelle Zahnreinigung ist empfehlenswert.

- Wir sorgen für ausreichend Schlaf und persönliche, tägliche kurze Auszeiten, um uns vom Alltag zu entspannen. Hierfür gibt es viele Möglichkeiten, wie zum Beispiel Yoga oder andere Bewegungsformen, die uns Freude und Spaß machen.

Auch Entspannungsmethoden wie Meditation oder autogenes Training können sich sehr vorteilhaft auf unsere Psyche auswirken und sind Balsam für die Seele!

• Wir pflegen Kontakte zur Familie und zu Freund*innen! Der Mensch ist ein soziales Wesen und benötigt das Zusammensein mit anderen Menschen, um sich auszutauschen und um sich zu unterhalten. Die Gesundheit wird so auf körperlicher, geistiger und seelischer Ebene sehr unterstützt.

3.5 Wie erkennt man einen Herzinfarkt und welche Symptome können auftreten?

Zum Abschluss dieses Kapitels informieren wir euch noch über die verschiedenen Warnzeichen, die auf einen Herzinfarkt hinweisen können!

Bei jedem kleinsten Verdacht auf einen Herzinfarkt muss der Euro-Notruf, eine einheitliche europäische Notrufnummer, 112, verständigt werden!

Die Warnzeichen, die unser Körper sogar schon einige Wochen davor abgeben und damit einen eventuellen Herzinfarkt ankündigen könnte, sind individuell verschieden und es gibt sogar Unterschiede zwischen Männern und Frauen. Es existiert jedoch eine Liste allgemeiner Symptome, die universell zur Einstufung verwendet werden kann.

Wenn folgende Warnsignale auftreten, empfehlen die kardiologischen Fachärzt*innen und Mediziner*innen, einen Notruf zu verständigen.

1. Wenn ein starkes Schmerzgefühl hinter dem Brustbein auftritt, das fünf Minuten oder länger anhält und in beide Arme, in den Hals, in das Kiefer, in die Schulterblätter, in den Oberbauch oder in den Nacken ausstrahlt.

2. Wenn man ein Engegefühl, einen heftigen Druck oder ein Brennen im Brustkorb verspürt.

3. Eine Blässe oder fahle Gesichtsfarbe, kalter Schweiß auf der Stirn und Oberlippe sind ebenfalls als Warnung anzusehen.

4. Auftreten von Atemnot oder Unruhe ist auch ein Anzeichen.

5. Ein Herzinfarkt kann sich auch durch Übelkeit, Unwohlsein und Erbrechen, besonders bei Frauen, ankündigen. Das Herz von Frauen soll vor der Menopause oder den „Wechseljahren“ durch das Hormon Östrogen vor einer Herzkranz-Gefäßerkrankung gut geschützt sein. Nach der Hormonumstellung wird dem herzbewussten Lebensstil eine besonders große Bedeutung zugemessen, daher auch diese Symptome bitte ernst nehmen.

6. Als weiterer Begleitfaktor kann es auch zu Schwindel, einem Schwächegefühl sowie Bewusstlosigkeit kommen.

Ein Herzinfarkt ist lebensbedrohlich und in diesem Punkt wird auch nicht zwischen den Geschlechtern unterschieden. Die wichtigsten Punkte sind hier zusammengefasst, wie im Notfall gehandelt werden soll.

• Bei jedem kleinsten Verdacht den Notruf 112 verständigen!

• Der Patient oder die Patientin soll mit erhöhtem Oberkörper positioniert werden, indem man ihn oder sie zum Beispiel an eine Wand oder Rückenlehne anlehnt.

• Enge Kleidung sowie Kragen sollen geöffnet werden.

• Der Patient oder die Patientin wird beruhigt und man bittet ihn oder sie, ruhig und tief zu atmen.

• Die zu versorgende Person bleibt immer unter Aufsicht und wird nicht alleine gelassen.

• Bei Bewusstlosigkeit und wenn keine Atmung und kein Puls erkennbar sind, liegt ein Herz-Kreislauf-Stillstand vor. Dann muss rasch gehandelt und mit der Wiederbelebung begonnen werden.

• Eine Herz-Druck-Massage und Mund-zu-Mund-Beatmung (im Wechsel 30-mal drücken und 2-mal beatmen) sollen dann durchgeführt werden. Die Wiederbelebungsmaßnahmen werden bis zum Eintreffen der Rettung fortgeführt oder bis der Patient oder die Patientin wieder selbständig atmet.

Wie ihr bereits lesen konntet, war im Fall von Petra, wie es bei Frauen eben öfters vorkommt, ein extrem starkes Übelkeitsgefühl vorhanden. Es traten bei ihr Gesichtsblässe, kalter Schweiß sowie ein brennender Schmerz im Brustbereich auf. Bei diesen Symptomen handelt es sich um die klassischen Warnsignale, die sie dann auch sehr ernst nahm und die entsprechenden Maßnahmen setzte.
Parallel dazu gesellte sich ein starkes Gefühl von Todesangst, Petra wusste zum damaligen Zeitpunkt nicht, was auf sie noch alles zukommen würde.

Diese Situation kann man durch beruhigende Worte bis zum Eintreffen des Notarztes und der Rettung positiv beeinflussen. Der Patient oder die Patientin sollen sich gut aufgehoben und bestens versorgt fühlen und dass alles getan wird, um sie und ihr Herz am Leben zu erhalten.

Eva Ingrid Pisec

»Die Dankbarkeit in deinem Herzen ist der Samen für das Glück in deinem Leben!«

4. Berufsausbildung zur Gesundheitscoach

4.1 Die nebenberufliche Phase der Ausbildung

Nach der Rückkehr in das Berufsleben wurde Petra immer klarer, dass ihre ausgeübte Tätigkeit als Versicherungsangestellte nicht der Job war, der zu ihrer neuen und veränderten Lebenssituation passen würde. Sie konnte aber nicht sofort kündigen, sondern wir Schwestern, Petra und Eva, fassten den gemeinsamen Entschluss, eine nebenberufliche zweijährige Ausbildung zur Gesundheitssport-Trainerin und -Coach zu beginnen. Eigentlich war diese Idee schon länger unser Vorhaben gewesen, aber der Zeitpunkt war nun gekommen, dieses in die Tat umzusetzen.

Wir besuchten beide einen Informationsabend, der uns genau über die integrierten Seminar-Module und deren Themen informierte. Die Ausbildung fand in der Landessportschule in St. Pölten statt und beinahe jedes Wochenende pilgerten wir in die Landeshauptstadt von Niederösterreich, um dort unsere Kurse zu absolvieren. Die drei Hauptthemen der jeweiligen Seminare beschäftigten sich mit Sport im Gesundheitsbereich, Trainingslehre, Ernährungslehre sowie Mentaltraining und Entspannungslehre. Zusätzlich konnte man freiwillige Kurse wie Qi Gong oder Yoga belegen, das Programm der Ausbildung war also sehr intensiv und wir waren während dieser zwei Jahre ziemlich beschäftigt. Wir belegten die Kurse ja nebenberuflich, arbeiteten dann unter der Woche ganz normal, betreuten unsere Familie und erledigten die Vorbereitungen für die Seminare sowie für die bevorstehenden Prüfungen. Der Faktor der Begeisterung und der Freude war sehr groß und die Kenntnis, einen Beruf im Gesundheitssport ausüben zu dürfen, stärkte sehr unser Durchhaltevermögen. Wir erhielten auch große Unterstützung von Seiten unserer Familien, sonst wäre die Absolvierung dieser Ausbildung für uns nicht möglich gewesen. Gegen Ende des zweiten Jahres näherten sich nun unsere Diplomprüfungen für die Hauptthemenbereiche und wir hatten einiges an Lernpensum zu schaffen. Wir konnten jedoch diese Ausbildungs- und Prüfungsphase sehr gut bewältigen und hatten nach 2 Jahren unser Diplom in Händen. Jetzt war die Zeit gekommen, unsere Kenntnisse und Fertigkeiten umzusetzen.

4.2 Der neue Beruf und die Selbständigkeit

Wir waren nun beide sehr froh, die Phase der Ausbildung erfolgreich hinter uns gebracht zu haben und überlegten, wo und wie wir unser Wissen zur Anwendung bringen könnten. Die Gesundheits-Sporttrainerin oder -coach kann in relativ vielen Sparten, die das Thema Gesundheit und Sport betreffen, zum Einsatz kommen. Unsere vorrangige Idee war natürlich die Arbeit direkt mit den Menschen, der persönliche Kontakt und eine persönliche Betreuung waren unser primäres Anliegen.
Petra arbeitete noch für ein Jahr als Versicherungsangestellte, gründete danach aber ihre Selbständigkeit, während ich meine Berufung im Gesundheitssport bis heute immer nur nebenberuflich selbständig ausüben kann. Ich arbeite hauptberuflich in dem Unternehmen meiner Familie.

Wir beide stellten diverse Überlegungen an, in welcher Form wir unsere Tätigkeit denn anbieten könnten. Unsere Gedanken und Ideen formierten sich immer mehr und nahmen schließlich Gestalt an. Wir entwarfen Folder, die als Inhalt uns und unser Programm vorstellten und legten diese an diversen Stellen wie Gemeinden, Arztpraxen, Geschäften usw. auf, um die Leute zu informieren und um einen gewissen Bekanntheitsgrad zu erreichen. Nach kurzer Zeit erreichten uns Anfragen, die die Abhaltung und Leitung von Kursen in Gemeinden, Schulen oder auch Firmen betrafen. Es machte uns wirklich große Freude, direkt mit den Menschen zu tun zu haben und aktiv mit ihnen zu arbeiten. Unsere Themenbereiche umfassten gesundheitsfördernde sportliche Bewegungsformen, die teilweise auch ganz einfach in den Alltag integrierbar sind, die persönliche Ernährung bewusst zu gestalten sowie Möglichkeiten zur Entspannung zu finden. Wir standen in jedem Fall jedem Teilnehmer und jeder Teilnehmerin persönlich beratend zur Seite.

4.3 Die positive Arbeit als Gesundheitscoach

Wir üben unsere berufliche Aktivität im Bereich Gesundheit und Sport mit wirklich großer Freude aus! Wir versuchen dabei, den Menschen grundlegende Informationen und Kenntnisse zu vermitteln, die ihnen helfen, einen gesunden und bewegten Lebensstil zu führen. Das kann für unsere Kursteilnehmer*innen eine Erhöhung der Lebensqualität sowie eine Verbesserung des persönlichen „Wohlbefindens“ bedeuten.

Wir möchten den Menschen verschiedene Übungen, Bewegungsabläufe und Ernährungsformen oder Möglichkeiten zur

Entspannung nahebringen. Vorrangig liegt unser Fokus darauf, eine Verbesserung der physischen, aber auch psychischen Gesundheit der von uns betreuten Personen zu erzielen sowie zu einer erhöhten Lebensqualität der Teilnehmer*innen beitragen zu können.

Die Arbeit und der Kontakt mit den Menschen trug auch gegenseitig mental zur Persönlichkeitsentwicklung bei und beeinflusste in gewisser Weise auch unseren beruflichen Werdegang. Es war ein Lernprozess, der gemeinsam gemeistert wurde. Durch die laufende Kommunikation mit unseren Kund*innen und deren Verhalten lernten wir ständig weiter, überlegen uns auch Programme und Abläufe, die auf das Problembild oder das Anliegen der Teilnehmenden persönlich abgestimmt sein sollte. Jede*r, der oder die sich an einem Kurs oder Programm bei uns beteiligte, lag uns persönlich am Herzen und wir versuchten im Laufe der Zeit mehr und mehr den „Fokus auf das Herz" zu legen, denn wir wollten unseren Kursteilnehmer*innen auch vermitteln, dass jede Tätigkeit und jede einzelne ihrer Aktivitäten noch mehr an Bedeutung oder auch Wirkung für sie bekommen kann, wenn sie diese mit „ihrem Herzen" ausführen. Das positive Feedback unserer Teilnehmer*innen ist der schönste Beweis, dass wir in dieser Sache am richtigen Weg sind.

4.4 Der Vergleich zum vorigen Leben

Petra übt die neue Tätigkeit hauptberuflich aus und im Vergleich zum „jetzigen" Leben hat eine markante Änderung stattgefunden.

Es haben sich in ihrem Leben so viele Aspekte oder Sichtweisen verändert, dass man fast glauben könnte, es handle sich nun um das Leben einer anderen Person! Wir Schwestern sind schon immer sehr miteinander verbunden gewesen, da ich auch die Ältere von uns beiden bin und Petra von klein auf immer wieder von mir betreut und umsorgt wurde. Durch dieses Naheverhältnis entstand eine spezielle Beziehung, die sich im Laufe der Jahre intensiviert hat und in spiritueller Hinsicht beinahe als „seelenverwandt" bezeichnet werden kann. Wir wussten schon oft, bevor wir über bestimmte Dinge gesprochen hatten, was die andere darüber denken würde oder welche Schritte in die Tat umgesetzt werden sollten. Manche bezeichnen diese Situation auch als „Gedankenübertragung", bei uns war immer ein gegenseitiges Einverständnis vorhanden und unsere Handlungen waren in einer gewissen Automatik aufeinander abgestimmt.
Wir arbeiten nun miteinander, aber jede ist in ihrer „Selbständigkeit" auch für sich beschäftigt und betreut unabhängig voneinander Kurse im Gesundheitssport.

Die Veränderungen, die im Leben von Petra stattgefunden haben, ziehen sich wie ein roter Faden durch ihren Alltag, ihr Privatleben und ihre berufliche Aktivität.

Dieses besondere Ereignis und die Tatsache, dass sie wieder in das Leben zurückkehren durfte, haben in jeder Hinsicht so viel transformiert! Ich werde nun versuchen, euch die Hauptfaktoren für diese „Transformation" zu erklären und dadurch das „neue DA-SEIN" von Petra transparenter zu machen:

- Die Prioritäten werden neu gesetzt und Platz eins ist nun die „Freude am Leben"!

- Die weiteren Plätze werden mit Dankbarkeit, Zufriedenheit und Liebe zu den Menschen belegt.

- Die „Selbstliebe" soll gepflegt werden, denn nur wer sich selbst liebt und achtet, kann auch für andere da sein!

- Das tägliche „Glück" in kleinen Dingen sehen und finden!

- Für einfache und selbstverständliche „Dinge" dankbar sein!

- In den persönlichen Alltag wiederkehrende kleine „Rituale" einbauen, die Kraft schenken!

- Ereignisse und Dinge planen, worauf man „sich freuen" kann!

- An einer nicht so erfreulichen Situation immer noch „etwas Positives" finden, denn im Nachhinein ergibt sich manchmal aus einem momentan angenommenen Nachteil sogar ein Vorteil!

- Für positive Überraschungen im Leben offen sein und diese „neugierig" erwarten!

- Den anderen Menschen selbst- und herzbewusst begegnen!

- Mit mehr Aufmerksamkeit in sein Herz und in seinen Körper hineinfühlen, Veränderungen bemerken und präventiv handeln!

Die Transformation verschiedener Denkweisen oder auch das Setzen von Prioritäten kann sich meist nicht von „heute auf morgen“ vollziehen. Wir geben uns die Zeit, die wir brauchen, um für die „neuen Erkenntnisse“ den Platz in unserem „Herzen“ zu schaffen, der ihr neues „Zuhause“ sein soll.
Wenn sich eure „neue Gedankenwelt“ auch in ihrem neuen Heim wohlfühlt, werdet ihr die positiven Auswirkungen auf euer Leben sehen und erfahren.

Buddha

»Was du denkst, bist du. Was du bist, strahlst du aus. Was du ausstrahlst, ziehst du an.«

5. Eine bewusste und bewegte Lebensführung

5.1 Wie viel Bewegung ist notwendig?

Unser Körper ist für ein Leben mit Bewegung programmiert, das Skelett, die Muskulatur und die inneren Organe werden durch eine bewegte Lebensführung besser mit Sauerstoff und Nährstoffen versorgt. Durch eine regelmäßige körperliche Aktivität kann man das allgemeine Wohlbefinden und die körperliche, psychische und soziale Gesundheit sowie das Herz-Kreislaufsystem stärken, damit jenes dann auch effizienter arbeiten kann.

Die Frage ist nun, welche Form der Bewegung wir wählen sollen und wieviel an Aktivität für uns optimal ist, um unsere Gesundheit positiv beeinflussen zu können.

In erster Linie hängt es natürlich davon ab, welche Bewegung uns wirklich Freude macht, denn die gewählte Aktivität sollte gerne und regelmäßig ausgeübt werden, damit sich auch die vorteilhaften gesundheitlichen Effekte einstellen können. Die Liste der positiven Auswirkungen auf unseren Körper ist lang und bezieht sich im Speziellen wieder auf unsere herzbewusste Lebensweise! Einige Punkte sind hier angeführt, um euch zu einem körperlich aktiven Lebensstil zu ermutigen!

- Die normale Funktion eurer lebenswichtigen Organe sowie auch die eures Herzens bleibt durch körperliche Bewegung optimal erhalten.

- Die Ausdauer eures Körpers wird gestärkt, euer Herz lernt somit effizienter zu arbeiten.

- Das Körpergewicht und die Energiebilanz bleiben im Gleichgewicht.

- Die angekurbelte Durchblutung versorgt euer Gehirn mit Sauerstoff, speziell wenn ihr euch in freier Natur bewegt.

- Es werden bei ausreichender Aktivität Glückshormone wie Endorphine, Serotonin und Dopamin ausgeschüttet, die sich positiv auf eure Psyche auswirken.

- Durch die regelmäßige Bewegung erhöht sich die Anzahl und Aktivität der körpereigenen Abwehrzellen, um für die Bekämpfung von Viren und Tumorzellen gewappnet zu sein. Euer Immunsystem wird gestärkt!

Man könnte diese Liste noch endlos fortsetzen, anhand der angeführten Punkte erkennt man, dass sich ein aktiver Lebensstil wirklich sehr vorteilhaft auf eure Gesundheit auswirkt.
Die verschiedenen Bewegungsformen werden vorgestellt. Wenn ihr nicht schon gerne Sport betreibt oder euch in einer anderen Form und Weise bewegt, wird *gezeigt,* wie euer Alltag noch aktiver gestaltet werden kann.

Es gibt viele Varianten, wenn sich jemand auch nicht unbedingt gerne sportlich betätigen möchte, die tägliche Aktivität in den Alltag einzubauen. Wie könnte das nun funktionieren?
Beim Durchgehen des eigenen Tagesablaufes kann überlegt werden, wann und wo man die Bewegung integrieren könnte. Statt mit dem Auto können Orte, die nicht zu weit entfernt sind, auch mit dem Fahrrad oder zu Fuß zurückgelegt werden. Selbst Tätigkeiten im Haushalt wie Staub saugen, abstauben oder den Müll hinaustragen erhöhen unser Aktivitätsvolumen. Wenn man zu Hause einen Garten hat, können wir unsere Freizeit auch damit verbringen, wenn uns dies Freude bereitet, dieses Stück Grünland zu pflegen und zu bearbeiten. Durch diese Tätigkeit fördern wir unsere Gesundheit und genießen den Anblick der Blumen und Pflanzen, die auch unsere Seele erfreuen. Ganz nebenbei erhalten wir Bio-Lebensmittel, die wir durch den Einsatz unserer Arbeitskraft dann stolz ernten dürfen! Zusammenfassend gesehen sind unserer Kreativität „Bewegung in den Alltag" zu bringen fast keine Grenzen gesetzt. Wenn wir einmal für uns selbst den Beschluss gefasst haben, jede Möglichkeit während des Tages zu nützen, uns auf verschiedene Art mehr zu bewegen, dann werden wir auch unglaublich viele Varianten finden, dies zu tun! Bei Menschen, die Tiere lieben, ist vielleicht auch die Anschaffung eines Hundes eine weitere Möglichkeit, tägliche Spaziergänge zu unternehmen und somit auf dem Bewegungskonto ein Plus zu erzielen.
Wir wissen, dass tägliche Bewegung sehr große Vorteile für unsere körperliche und psychische Gesundheit mit sich bringt. In welchem Ausmaß sollen wir uns nun bewegen und wie erreichen wir dadurch den größtmöglichen positiven Effekt?
Wenn wir von gesundheitsorientierter Aktivität ausgehen, empfiehlt die WHO (World Health Organization) täglich mindes-

tens zwanzig Minuten zu Fuß zu gehen. Auch Menschen mit chronischen Krankheiten und über 65-Jährigen wird nahegelegt, sich jeden Tag aktiv zu bewegen, selbstverständlich soll in diesem Fall jede*r Einzelne das Bewegungsprogramm mit dem*der Ärzt*in absprechen. Es wird uns geraten, jede Woche 150 bis 300 Minuten bei mittlerer Intensität aktiv unterwegs zu sein. Das bedeutet, dass zügiges Spazierengehen als gesundheitsorientiertes Basisprogramm ausreichend ist und folgende positive Effekte mit sich bringt:

- Puls und Atmung werden reguliert, die Blutgefäße flexibler und der Blutdruck dadurch gesenkt.
- Das Gehirn wird besser mit Sauerstoff und Nährstoffen versorgt, was uns bis ins hohe Alter geistig fit hält.
- Unser Herz-Kreislaufsystem arbeitet effizienter.
- Die psychische Gesundheit wird positiv unterstützt.
- Auch unser Muskel-Skelettsystem profitiert davon und wird aufgebaut.
- Unser Immunsystem wird unterstützt und gekräftigt.

Diese Empfehlung ist basisorientiert und selbstverständlich können wir unser wöchentliches Bewegungspensum ausweiten und kreativ gestalten. In der warmen Jahreszeit gibt es mehr Möglichkeiten in der Natur und im Freien aktiv zu werden. Ein neuer Trend „das Wandern in den Bergen“ ist besonders empfehlenswert.

Im folgenden Abschnitt erklären wir die Begriffe der „körperlichen Aktivität und Fitness“ genauer.

5.2 Geschichtlicher Einblick: „Von körperlicher Aktivität zu Sport“

Der Begriff „körperliche Aktivität“ beschreibt den Oberbegriff jeder körperlichen Bewegung, die den Energieverbrauch über den Grundumsatz hebt. Der Grundumsatz ist jener Wert an Energie, die wir benötigen, um unsere lebensnotwendigen körperlichen Funktionen aufrechtzuerhalten. Wenn wir uns bewegen, wird unsere Skelettmuskulatur aktiv und dadurch kommt es zu einem höheren Energieverbrauch, als wenn sich der Körper in Ruhe befindet. Durch ein Zusammenziehen oder Anspannen der Muskulatur entsteht so die Bewegung.

Der Begriff „körperliche Aktivität“ soll daher eindeutig vom Begriff „Sport“ unterschieden werden. Wenn die im vorigen Abschnitt angeratenen Basis-Empfehlungen an Bewegung über ein gewisses Ausmaß an Zeitvolumen und Intensität hinausgehen, kann schon von sportlicher Betätigung gesprochen werden.

Die Bezeichnung „Sport“ kann als Überbegriff zu den sportlichen Tätigkeiten wie „Turnen, Laufen oder Werfen“ in wettkampfmäßiger Art gesehen werden und ist schon im Altertum entstanden. Diese sportlichen Bewegungsformen wurden damals in der Antike praktiziert und die „ersten olympischen Spiele“ fanden schon vor ungefähr dreieinhalb Jahrtausenden statt.

Der Begriff „Sport“ entlehnt sich dem spätlateinischen Wort „disportare“, dessen Bedeutung „sich zerstreuen“ ist. So fand diese Bezeichnung über die französische Sprache (se de(s) porter) den Weg ins Englische (to disport) und schließlich gelangte der Begriff auch mit der hauptwörtlichen Bezeichnung „Sport“ ins Deutsche. Der Name ist schon im 18. Jahrhundert in England entstanden und hat ursprünglich die spezifische Form der Leibesübungen bezeichnet und erreichte von dort aus dann auch Europa. Im 20. Jahrhundert wurde der Begriff hauptsächlich für verschiedene Bewegungs- und Wettkampfformen verwendet.

Die heutigen Formen der Leibesübungen, die auch vor dem 18. Jahrhundert entstanden sind, werden rückwirkend als „Sportarten“ bezeichnet, obwohl die damaligen Zeitgenossen andere Bezeichnungen, wie zum Beispiel „Gymnastik“ oder „Leibesertüchtigung“, verwendet hätten. Diese Formen des „Sports“ gab es zur damaligen Zeit vor allem in England, wo auch schon Vorformen des Fußball- und Tennisspiels betrieben wurden, während man auf dem europäischen Kontinent unter Sport lediglich Pferderennen, die Jagd und das Rudern verstanden hatte.
Nun hat das Sportwesen seinen Ausgang also von England genommen, unterlag aber auch hierzulande vor allem dem Leistungs- und Konkurrenzprinzip im sogenannten Wettkampfsport. Gegen Ende des 19. Jahrhunderts wurde der Sport vermehrt zur Freizeitbeschäftigung einer breiteren Bevölkerungsschicht und es wurden Sportvereine gegründet.

Die Ausübung von sportlicher Bewegung ist für den Menschen nach diesem kurzen geschichtlichen Einblick nichts Neues und

seit jeher beschäftigte man sich damit, sei es in wettkampfmäßiger Manier oder auch auf freizeitmäßige Art.
Die Bedeutung und Art der Ausübung der Bewegungsformen war in den verschiedenen Zeitepochen unterschiedlich, doch welche Gemeinsamkeiten oder welche noch immer aktuelle Bedeutung können wir in die jetzige Zeit mitnehmen? Viele Sportarten wurden in Gesellschaft beziehungsweise in Gruppen ausgeübt. In dieser Form war die Freude an der freizeitsportlichen Bewegung „im Team" der Hauptfaktor. Der Wettbewerb ist bei „Sport und Spiel" natürlich meistens auch maßgeblich, der dabei entstehende gesundheitliche Faktor ist eine positive Begleiterscheinung.

Wir sprechen hier vom gesundheitsorientierten Freizeitsport und dieser unterscheidet sich definitiv vom professionell ausgeübten Leistungssport. Wir möchten hier den Faktor „gesundheitsbewusste sportliche Bewegung" in den Vordergrund stellen und für jede*n Einzelne*n von euch die ansprechendste Variante finden.

Der Breiten- oder Freizeitsport beschreibt die sportliche Bewegungsform, die der körperlichen Fitness, dem Ausgleich von Bewegungsmangel sowie der Freude an der Ausübung der persönlich gewählten sportlichen Aktivität dient. Der Leistungssport unterscheidet sich vom Freizeitsport dadurch, dass ein wesentlich höherer, meist täglicher Zeitaufwand notwendig ist und der Fokus auf einem wettkampfmäßig sportlichen Ziel liegt.

Der Begriff „Fitness" kommt auch aus dem Englischen, spielt bezüglich der „körperlichen Verfassung", der Tüchtig- oder

Tauglichkeit, eine nicht unwesentliche Rolle und beschreibt in den Bereichen Kraft, Ausdauer, Schnelligkeit, Beweglichkeit und Koordination den aktuellen Zustand der körperlichen Leistungsfähigkeit. Man kann auch darunter verstehen, inwieweit wir über körperliche und mentale Fähigkeiten verfügen, mit den allgemeinen Anforderungen im Leben zurechtzukommen. Dies kann zum Beispiel die Bereiche Beruf, Schule, Studium, Freizeit und sportliche Aktivitäten betreffen.

Jedes menschliche Individuum ist in seiner persönlichen Art unterschiedlich, wie soll man eine allgemeingültige Form finden, die beschreiben kann, ob wir über ein gesundes Ausmaß an „Fitness" verfügen? Dieser Begriff drückt sowohl das körperliche als auch das geistige Wohlbefinden aus und soll vielleicht in einer Art und Weise die persönliche Widerstandskraft oder das Vermögen veranschaulichen, all unseren täglichen Herausforderungen und Belastungen standzuhalten.

Wie man sich vorstellen kann, klingt das sehr vielversprechend, wir verschaffen uns die für uns passende Portion „Fitness" und erreichen oder erhalten somit den persönlichen „Garantiefaktor" für unsere Gesundheit und den Erfolg in unserem Leben! In der Form wäre es ja von Vorteil, wenn es für jede Einzelne beziehungsweise jeden Einzelnen von uns ein auf uns persönlich abgestimmtes sowie nach bestimmten Faktoren aufgebautes „Trainingsprogramm" gäbe, welches nach der Eingabe bestimmter erforderlicher, persönlicher Daten uns dann persönlich zur Verfügung gestellt werden kann.

Im nächsten Kapitel wird im Speziellen darauf eingegangen, wie man für sich das richtige Ausmaß an körperlicher Aktivität oder die für die eigene persönliche Gesundheit richtige Dosis an sportlicher Bewegung findet.

Praktisch wäre es, wenn es dafür eine sogenannte „App" gäbe, die man sich auf sein Smartphone herunterladen und wie ein persönlicher „Health-Activity"-Freund zur Verfügung stehen könnte. Man würde sich dann nach Eingabe der persönlichen Daten die entsprechende Dosis an Bewegung zusammenstellen oder das Programm einfach hochladen, in welcher Form oder Intensität man Freude und Lust hat, sich zu bewegen oder aktiv zu werden. Das kann zum Beispiel an einem Tag ein ausgedehnter Spaziergang sein und am nächsten Tag sind wir dann vielleicht wieder für ein Mehr an Aktivität bereit! Jeder Tag ist auch nicht gleich und wir sollen genauso in Bewegung kommen, wie wir fühlen, dass es an diesem heutigen Tag gut für uns ist! Wenn man es bevorzugt und gerne die Kontrolle über das tägliche Bewegungsausmaß haben möchte, gibt es die verschiedenen Modelle der Uhren, die bereits die zurückgelegten Kilometer und Schritte sowie diverse Bewegungsformen integriert haben und aufzeichnen. Auf diese Art und Weise bekommen wir jeden Tag die Übersicht über unsere durchgeführte körperliche Aktivität, was sicher ein Plus für unsere „Herzgesundheit" ist.

Selbstverständlich muss man schon öfter den sogenannten „inneren Schweinehund überwinden", aber genau das soll uns leichter fallen und es könnte auch diese Freude an der Bewegung sein, die dann der Anreiz und Auslöser ist, tatsächlich aktiv zu werden! Der Mensch ist ja von Grund auf für die Bewegung geschaffen, unser Körper und unsere Muskeln sind so angelegt, um aktiviert und gebraucht zu werden, wie einfach alles, jedes Lebewesen und sogar jede Maschine oder jedes Gerät soll beansprucht oder verwendet werden. Im gegenteiligen Fall könnte genau das passieren, was für unser dauerhaftes Wohlbefinden und unsere Gesundheit nicht so vorteilhaft ist. Wir „rosten" sozusagen ein! Die Folgen sind dann, schonend ausgedrückt, gesundheitliche und muskuläre Dysbalancen!

Das Wort selbst drückt es schon aus, unser Körper kann aus der „Balance" kommen und ein gesundheitliches Ungleichgewicht mit den verschiedenen Folgeerscheinungen wie Bluthochdruck, Diabetes, koronare Herzerkrankungen, Bandscheibenvorfälle und Gelenksprobleme, Osteoporose, Depressionen und vieles mehr kann sich bei länger andauerndem Bewegungsmangel einstellen. Genau wie Fahrzeuge oder Maschinen, die regelmäßig gebraucht und gewartet werden sollten, erwarten wir, dass auch unsere lebenswichtigen Systeme in unserem Körper „funktionieren" und alles durch unsere tägliche Aktivität in Fluss gehalten werden sollen. Das kann ja auch wirklich Spaß machen!

Nun es ist an der Zeit herauszufinden, welche Form der Bewegung uns Freude machen kann, und dabei sollt ihr sehr gerne unterstützt werden! Im nächsten Kapitel geht es darum, zu erfahren, welche Dosis an Aktivität für euch gut ist und wie ihr die richtige Form und Art der Bewegung für euch findet.

5.3 Welche Bewegungsform ist richtig und gut für mich?

Ihr habt nun schon davon erfahren, dass euer Körper beziehungsweise auch „euer Herz" so konstruiert und angelegt ist, dass ihr eine gewisse Portion an Aktivität in euren Alltag einplanen sollt, um euch eure Gesundheit und Fitness dauerhaft zu bewahren!

So wie die menschlichen Bedürfnisse und Vorlieben nicht unterschiedlicher sein können, so verschieden ist auch das Verlangen beziehungsweise der „Antreiber" in Bewegung zu kommen. Man kann sich in der Hinsicht auch von einem/einer Sport-Trainer*in oder Fitnesscoach beraten lassen, welche*r ein auf eure persönlichen Bedürfnisse abgestimmtes Programm zusammenstellen wird. Zu Beginn wird euer persönlicher Sport-Coach dann bestimmte Fragen an euch richten. Er wird, wie es auch Ärzt*innen machen würden, eine sogenannte „Anamnese" erstellen. Auf diese Daten und Aufstellungen basierend wird ein für euch persönlich abgestimmtes „Aktivitäts- und Bewegungsprogramm" ausgearbeitet. Diese Vorgangsweise erfordert ein gewisses Pensum an Zeit, die sich der Fitness-Coach oder eine Sport-Trainerin für euch nehmen wird, um auch wirklich ein optimales Ergebnis erzielen zu können. Dieses Programm soll im Alltag für euch leicht umsetzbar sein.

Es hat sich nun die Überlegung ergeben, für diejenigen unter euch, die noch nicht wirklich den Zugang zu einer „bewegten und aktiven" Lebensform gefunden haben, eine sogenannte „Activity-Basic"-Einstufung zu erstellen, um euch anhand des Ergebnisses aufzeigen zu können, welche Art und Dosis von Aktivität für euch empfehlenswert wäre. Auch diejenigen, die bereits die für sich optimale Form der Aktivität gefunden haben, können diese als Richtwert sehen.

Die Einteilung ist so angelegt, dass ihr einmal grundsätzlich erfahren werdet, für welche Bewegungsform ihr welchen Zeitaufwand pro Woche einplanen solltet.

Vor dem Beginn jedes regelmäßigen, sportlichen Trainings soll man den*die Hausärzt*in oder Kardiolog*in konsultieren, der oder die einen gesundheitlichen Status feststellt und dann auf Grund eines Gesundheits-Checks und den Ergebnissen ermittelt, ob und in welcher Intensität ein Herz- und Kreislauftraining für euch möglich ist.

Für den Start des Ausdauertrainings ist die Kenntnis eures optimalen Trainingspulses wichtig!

<u>Wie werden nun eure Pulswerte optimal berechnet?</u>
Man beginnt einmal mit dem Ruhepuls, den ihr bitte am besten in der Früh gleich nach dem Aufwachen und vor dem Aufstehen messt!

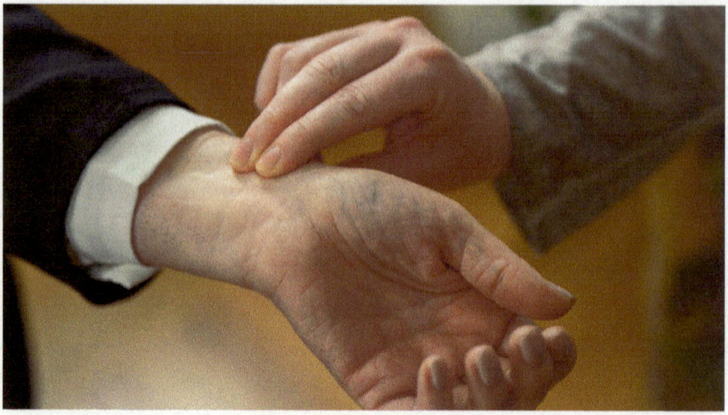

Wie wird der Puls richtig gemessen?
Die Bedeutung einer Pulsmessung liegt darin, dass man die durch die Arterien verlaufende Druckwelle des Blutes ertastet und ihre Frequenz erhält. Am besten funktioniert das an einer Stelle, wo eine Arterie dicht unter der Haut verläuft, etwa am Handgelenk. Dazu nehmt ihr zwei oder drei Finger (Zeige-, Mittel- und/oder Ringfinger), legt diese unterhalb des Daumens auf die Innenseite des Handgelenks und zählt nun 30 Sekunden lang die Schläge, dieser Wert wird mit Zwei multipliziert und ergibt dann den Puls pro Minute.
Ihr könnt den Puls auch alternativ seitlich am Hals gleich neben dem Kehlkopf ertasten und hier messen.
Der Ruhepuls eines Erwachsenen beträgt zwischen 60 und 80 Schläge pro Minute. Personen, die regelmäßig Ausdauertraining machen, haben zum Beispiel einen niedrigeren Ruhepuls, weil ihr Herz so trainiert ist, dass es mit einem Schlag mehr Blut in die Hauptschlagader pumpen kann, somit sind insgesamt weniger Schläge notwendig.

Wie errechnen wir nun unseren Trainingspuls und benötigen wir dazu unser Herzfrequenzmaximum?

Die Faustformel, die aber nach Meinung von Sportwissenschaftler*innen und Ärzt*innen relativ ungenau ist, besagt:

180 – Lebensalter = Trainingspuls

Eine bessere und genauere Variante ist die sogenannte KARVONEN-FORMEL, die nach dem Erfinder dieser Methode benannt worden ist.

Dabei wird die sogenannte Herzfrequenz-Reserve als Differenz zwischen der maximalen Herzfrequenz (HFmax) und der Ruhe-Herzfrequenz (HFRuhe) berücksichtigt. Man multipliziert dann mit einem vorgegebenen Prozentsatz, der auf die Leistungsfähigkeit der zu trainierenden Person abgestimmt wird.

Die Formel lautet dann wie folgt:

HFTraining = HFRuhe + (HFmax – HFRuhe) x Faktor

Als Faktor kann angegeben werden:

- Für untrainierte Personen, die mit einem Sportprogramm beginnen wollen, wird der Faktor 0,5 angenommen

- Für leicht bis mittel fortgeschrittene Personen wird der Faktor 0,6 bis 0,7 angenommen (extensives Ausdauertraining)

- Für fortgeschrittene Personen wird der Faktor 0,8 angenommen (intensives Ausdauertraining)

Für diese Berechnung benötigt ihr noch den Wert eurer maximalen Herzfrequenz. Dieser Maximalpuls kann von einer Person unter größtmöglicher Anstrengung erreicht werden. Dieser Wert hängt vom Alter und vom persönlichen Fitness-Zustand ab und kann idealerweise bei einer Leistungsdiagnose bei Kardiolog*innen am genauesten ermittelt werden.

Im Rahmen dieser Untersuchung kann euer Trainingspuls und Maximalpuls bestimmt werden. Dabei wird in der Ordination ein Test am Ergometer oder Laufband mit euch durchgeführt.

Dieser dient dazu, den Leistungs- und Belastbarkeitszustand der Testperson zu überprüfen. Es erfolgt ein EKG unter Belastung und neben der körperlichen Leistung werden die Laktatkonzentration im Blut sowie die Pulsfrequenz und der Blutdruck gemessen.

Es gibt aber auch hier wieder Faustformeln, betreffend Genauigkeit ist man mit einer Leistungsdiagnostik bei Ärzt*innen aber auf jeden Fall auf der sicheren Seite.

Als gut anerkannte Faustformel für die Bestimmung eurer maximalen Herzfrequenz werden folgende Berechnungen angeraten:

Maximalpuls bei Männern: HFmax = 223 – 0,9 x Lebensalter
Maximalpuls bei Frauen: HFmax = 226 -1,0 x Lebensalter

Nachdem ihr euch über eure Puls- und Trainingswerte informiert habt, steht eurem sportlichen Start nichts mehr im Wege und ihr könnt laut untenstehender Einstufung mit einem regelmäßigen Ausdauertraining beginnen.
Für die Gesunderhaltung eures Herz-Kreislaufsystems wird eine immer regelmäßig wiederkehrend stattfindende Ausdauer-Trainingsform empfohlen. Zusätzlich kann eine Kraftausdauer-Sportart gewählt werden. Zu Beginn des Bewegungstrainings ist es vorteilhaft, einen Trainingsplan zu erstellen, der zwei- bis dreimaliges Ausdauertraining sowie ein- bis zweimaliges Kraftausdauertraining enthält.
Ihr nehmt einen Stift und Kalender oder euren digitalen Zeitplaner zur Hand und teilt eure Sporteinheiten ein, damit fixiert ihr diese gleich in eurer Zeiteinteilung.

5.4 Verschiedene Trainingsformen – von dem Herz-Kreislauf-stärkenden Training bis zum Krafttraining

Activity-Basic Einstufung:

Alter	Fitness-Status
15 - 30 Jahre	Anfänger*innen/Beginner
30 - 45 Jahre	Leicht Fortgeschrittene
45 - 60 Jahre	Mittel Fortgeschrittene
60 - 75 Jahre	Stark Fortgeschrittene
ab 75 Jahre	Profi Fortgeschrittene

Ausdauersport-Trainingsarten und die positive Wirkung

Ein auf euch optimal abgestimmtes Ausdauertraining hat einen wesentlichen Einfluss auf die Leistungsfähigkeit eures Herzens und hat auch in Folge eine kardio-protektive oder herzschützende Wirkung. Eine Reihe von Risikofaktoren, die bereits in dem Kapitel 3 besprochen wurden, könnten für die Entstehung degenerativer Herz- und Kreislauferkrankungen verantwortlich sein. Durch Ausdauersport kann das Risiko maßgeblich reduziert oder möglicherweise sogar ganz ausgeschlossen werden.

Nochmals zur Erinnerung hier die allgemeinen Risikofaktoren:

- Bewegungsmangel
- Übergewicht
- Hypertonie (Bluthochdruck)
- Rauchen
- Erhöhter Blutzucker
- Erhöhter Blutfettspiegel (Triglyceride, Cholesterin)

Folgende positive Wirkungen können durch ein zielgerichtetes Ausdauertraining angeführt werden:

• **Abnahme der Herzfrequenz:**
Es wird eine Ökonomisierung der Herzarbeit und damit eine Minderung der Herzbelastung erreicht. Das bedeutet, dass euer Herz durch das Training „wirtschaftlicher" und effektiver arbeiten kann.

• **Verbesserung der kardialen Blutversorgung:**
Durch die körperliche Aktivität werden die Herzmuskulatur und eure Herzkranzgefäße besser mit Blut versorgt, dies passiert in der Belastungsphase, aber auch in der anschließenden Ruhephase ist die Blutversorgung noch um ein Vielfaches höher als dies bei einem bewegungsarmen Lebensstil der Fall ist.

• **Senkung und Stabilisierung des Blutdrucks:**
Der Gehalt der Stresshormone im Blut (wie zum Beispiel Adrenalin) wird bereits nach wenigen Wochen des Trainings um etwa 30 % reduziert und die Empfindlichkeit des Herzens wird gegenüber frequenzsteigernden Reizen und Stress-Belastungen erheblich gesenkt.

• **Reduktion des Übergewichts:**
Durch das regelmäßige Training kommt es in eurem Körper zu einem gewichtsreduzierenden Mechanismus. Das bedeutet, dass durch die allgemeine Stoffwechselanregung und verschiedene physische, psychische und biochemische Prozesse in eurem Körper eine sogenannte Fettablagerung erschwert wird. Dies geschieht selbstverständlich nur dann, wenn wir das Training mit einer vernünftigen Ernährungsweise kombinieren,

worüber im nächsten Kapitel berichtet wird.

- **Reduktion der Blutfettwerte (Triglyceride, Cholesterin):**
Die Anhäufung von Lipoproteinen (LDL - low density lipoprotein – „schlechtes Cholesterin") in der inneren Gefäßwand der Arterien, die aus dem Blutplasma in die Gefäßwände einwandern, kann durch ein regelmäßiges Bewegungstraining reduziert werden und durch diesen Prozess gelingt gleichzeitig die Erhöhung von Lipoproteinen (HDL – high density lipoprotein – „gutes Cholesterin"), welches einen entscheidenden Schutzfaktor im Kampf gegen die Arteriosklerose („Arterienverkalkung") darstellt.

- **Regulation des Blutzuckerspiegels:**
Die körperliche Bewegung erhöht die Glukoseaufnahme in den Zellen und verbessert die Insulinsensibilität der Gewebe und senkt damit gleichzeitig den Insulinbedarf. Dies bedeutet für euch, dass eure Körperzellen dann gut auf den Botenstoff Insulin reagieren und der Blutzucker im Blut ausreichend abgesenkt werden kann. Dies kann als präventive oder vorbeugende Maßnahme bei gesunden Menschen gesehen werden. Bei Diabetiker*innen wird die körperliche Bewegung auch als sehr gute Begleittherapie empfohlen.

5.4.1 Folgende Ausdauersportarten stehen für euch zur Wahl:

- **Gehen oder Walking**
Auch Anfänger*innen können sich mit dieser Bewegungsform schnell anfreunden, da ein „schnelleres Gehen" als angenehmer und gelenkschonender als Laufen oder Joggen empfunden wird.

• **Nordic Walking mit Stöcken**
Mit Hilfe von Nordic-Walking-Stöcken soll eine spezielle Technik erlernt werden, die auch die Oberkörpermuskulatur beansprucht und gleichzeitig kräftigt. Vor allem beim Bergabgehen werden dadurch die Gelenke geschont.

• **Walk-Joggen**
Für Einsteiger oder jene, die einfach „sanfter" trainieren wollen, sind solche Walk-Jogging-Einheiten, bei welchen sich Geh- und Laufintervalle abwechseln, sehr empfehlenswert. Wenn man sonst vorrangig die Bewegungsform des Walkens oder Gehens bevorzugt, kann diese Bewegungsart mit den Intervallen eine gute Alternative sein, eure Herzfrequenz zu erhöhen und somit einen neuen Trainingsreiz zu setzen.

• **Laufen oder Joggen**
(Waldlauf, Crosslauf, Laufen auf dem Band)
Diese Trainingsform ist für Einsteiger*innen oder jene unter euch, die eine gelenkschonende Bewegungsform suchen, nicht so besonders gut geeignet, da die Gelenke beim Laufen stärker belastet werden. In diesem Fall ist die Wahl einer Walking- oder Walk-Jogging-Einheit empfehlenswerter.

• Radfahren
• Bergwandern
• Schwimmen
• Schilanglauf

Die Entscheidung für eine Form des Ausdauertrainings ist sicher ein klares „JA" für euer HERZ–BEWUSSTSEIN!

5.4.2 Der Kraftausdauersport und die verschiedenen Möglichkeiten:

Wenn ihr gerne eine Bewegungsform finden möchtet, die den Ausdauersport mit einer kräftigenden Sportform kombiniert, so stehen euch folgende Kraftausdauersport-Trainingsformen zur Wahl:

- Tennis
- Fußball und andere Ballsportarten
- Schifahren
- Mountainbiken
- Reiten
- Cardio/Strength-Gymnastik

(Das Programm enthält die Kräftigung verschiedener Muskelgruppen sowie abwechselnd Übungen, die das Herz-Kreislaufsystem fordern)
usw.

5.4.3 Das Krafttraining der verschiedenen Muskelgruppen:

Ein gemäßigtes, muskelerhaltendes Krafttraining ist für Gesundheitssportler*innen als zusätzliches Training zur ausdauernden Bewegungsform anzuraten und von nicht zu unterschätzender gesundheitlicher Bedeutung. Die regelmäßige Durchführung eines zwei- bis viermalig wöchentlich angewandten Krafttrainings kann im optimalen Fall eine Beweglichkeitsschulung sowie eine Kräftigung der Hauptmuskelgruppen (z.B. Bauch- und Rückenmuskulatur) beinhalten.
In weiterer Folge wird einem zu früh einsetzenden Haltungs-

verfall sowie der Osteoporose, dem sogenannten „Knochenschwund", vorgebeugt. Dieser betrifft heutzutage schon immer mehr Menschen, vor allem auch Frauen nach der Menopause. Es ist zu beachten, dass die Knochendichte generell zwischen dem 15. und 20. Lebensjahr komplett aufgebaut ist, ab dem 30. Lebensjahr aber langsam wieder sich abzubauen beginnt.

Das Einplanen der Trainingseinheiten von kräftigenden Übungen ist für viele eine zeitliche Herausforderung, daher wird empfohlen, das Krafttraining mit dem Ausdauertraining zu kombinieren. Es kann so erfolgen, dass ihr nach einem kurzen Aufwärmen der Gelenke eure Ausdauer-Sporteinheit durchführt. Nach Beendigung des Trainings wählt ihr eine Muskelgruppe aus, die gekräftigt werden soll.
Bei der Kräftigung einer bestimmten Muskelgruppe werden zum Beispiel drei bis vier verschiedene Übungen in einer bestimmten Anzahl von Wiederholungen (15 bis 30 Wiederholungen) oder in einem bestimmten Zeitraum, zum Beispiel für die Dauer von 30 bis 60 Sekunden, durchgeführt. Dann erfolgt eine kurze Pause von ungefähr 1,5 bis 2,5 Minuten. Danach kann man die vorher getätigte Abfolge von Übungen nochmals wiederholen. Das erhöht die Effektivität und fördert den Aufbau der Muskulatur in dem jeweils trainierten Bereich.
Bei Zeitmangel ist natürlich auch eine einmalige Durchführung der Kraftübungen möglich. Auf diese Art könnt ihr nach jedem Ausdauertraining eine andere Muskelgruppe wählen, die gekräftigt werden soll und stabilisiert so im Laufe der Zeit auch euer Knochengerüst durch die kräftiger werdende Muskulatur. Wenn ihr dann mehr Zeit für eine eigene Krafttrainingseinheit findet, können gleich mehr Muskelgruppen mit den entsprechenden Übungen integriert werden.

Folgende Muskelgruppen können zum Beispiel in einem Training gekräftigt werden:

1. Beinmuskulatur (Oberschenkel, Unterschenkel, Wade)
2. Gesäßmuskulatur
3. Bauchmuskulatur (gerade, seitliche und untere BM)
4. Rückenmuskulatur
5. Brustmuskulatur
6. Schultermuskulatur (Armbeuger-Bizeps, Armstrecker-Trizeps)

Die verschiedenen Möglichkeiten des Krafttrainings

- Strength Gym – Kräftigung mit Hanteln oder anderem Fitnesszubehör (großer Gym-Ball, Fitness- und Thera-Bänder usw.)
- Kräftigende Übungen mit dem eigenen Körpergewicht
- Kraftübungen an Geräten
- Klettern Indoor oder Outdoor
- Bergsteigen

Die Entscheidung für eine Art von Bewegungstraining ist mit einem wirklich für euch wertvollen gesundheitlichen Vorteil verbunden, es soll die Freude an der Bewegung vermittelt werden.

Auch der Spaßfaktor, der schon öfters erwähnt wurde, kann im Vordergrund stehen, um dauerhaft etwas Positives für die Herzgesundheit bewirken zu können, daher wählt eine Sportart oder Bewegungsform, die ihr gerne in euren Alltag einplant!

Nach einiger Zeit kann natürlich die Motivation einmal auch nicht so hoch sein oder sogar sinken, dann ist vielleicht ein Wechsel zu einer anderen Bewegungsform anzuraten oder aber ihr braucht einmal eine „PAUSE“!

Sportmedizinische Empfehlungen besagen, dass nach drei Wochen Training in der vierten Woche ein sogenanntes „reduziertes Training“ empfohlen wird, um dem Körper die Möglichkeit zu geben, sich zu regenerieren und an die neuen Bedingungen anzupassen. In dieser Zeitspanne kann man es langsamer und gemütlicher angehen und wählt zum Beispiel statt der Walk-Jogging-Einheit einen ausgedehnten schnellen Spaziergang oder es gibt auch die Möglichkeit, statt der festgelegten Bauchmuskelübungen ein paar Yoga-Positionen auszuprobieren, die eure Atmung in den „Flow“ und Entspannung in eure Muskulatur bringen.

Wir kehren zu eurer Aktivitäts-Einstufung, zur Erstellung eines Activity-Basic-Programms wie folgt zurück:

Einstufung der Gruppe 15 – 30 Jahre:
In dieser Altersgruppe sind euch, wenn es der Gesundheits-Check eures Arztes bzw. eurer Ärztin erlaubt, keine Grenzen gesetzt. Ihr könnt jede der genannten Ausdauersport-Möglichkeiten wählen und gleicht dann das Ausmaß und die Intensität der Bewegungsform eurem Trainingszustand an.

Nehmen wir einmal an, ihr seid dieser Gruppe zugeordnet und seid Anfänger*innen oder wollt einfach mit einer sportlichen Bewegungsform beginnen, dann wählt ihr unter den oben genannten Ausdauer-Bewegungsformen und beginnt mit einer geringen Intensität und einer Dauer zwischen 15 und 30 Minuten. Ihr sollt diese Bewegungseinheit leicht durchhalten und es soll euch ja Freude und Spaß machen. Die Bewegungseinheiten könnt ihr zwei- bis drei Mal pro Woche einplanen. Wenn ihr das Gefühl habt, das Training intensiver gestalten zu wollen, steigert ihr immer die Anzahl der Einheiten, dann den Umfang vor der Intensität. Zusätzlich zur Kräftigung der verschiedenen Muskelgruppen wählt ihr eine Sportart des Kraftausdauer- und/oder Krafttrainings, die auch ein- bis zweimal pro Woche, je nachdem wie es euer Zeitplan erlaubt, durchgeführt werden kann. Um dies verständlicher zu veranschaulichen, habe ich hier einige Beispiele für euch zusammengestellt.

Activity-Heart-Health-Programm für Anfänger*innen/Beginner:

Wochentag	Programm
Montag:	30 Min. zügiges Gehen/Walken oder Nordic Walking
Dienstag:	15 Min. Kraftübungen mit eigenem Körpergewicht
Mittwoch:	Freier Tag
Donnerstag:	30 Min. Radfahren oder Nordic-Walken
Freitag:	15 Minuten Kraftübungen mit Hanteln oder Fitnessband
Samstag:	Freier Tag
Sonntag:	30 Minuten zügiges Gehen/Walken oder langsames Laufen

Activity-Heart-Health-Programm für leicht- bis mittel Fortgeschrittene:

Wochentag	Programm
Montag:	45 Min. zügiges Gehen/Walken oder Nordic Walking
Dienstag:	25 Min. Kraftübungen mit eigenem Körpergewicht
Mittwoch:	Freier Tag
Donnerstag:	45 Min. Radfahren, Walk-Joggen oder Nordic Walking
Freitag:	25 Min. Kraftübungen mit Hanteln (jeweils 1 kg), mit Thera-Band oder Gymball, im Fitnesscenter auch an Geräten
Samstag:	Freier Tag
Sonntag:	45 Minuten zügiges Gehen/Walken oder jede beliebige andere Ausdauersportart

Activity-Heart-Health-Programm für stark Fortgeschrittene:

Wochentag	Programm
Montag:	60 Min. Walk-Joggen, Joggen, Nordic-Walking Intervalltraining
Dienstag:	45 Min. Kraftübungen mit Hanteln, Gymball, an Geräten usw.
Mittwoch:	Freier Tag
Donnerstag:	60 Min. Radfahren, Walk-Joggen, Joggen usw.
Freitag:	45 Min. Kraftübungen mit Hanteln, Kettleball, an Geräten usw.
Samstag:	Freier Tag
Sonntag:	60 Minuten Walk-Joggen, Joggen, Cross-Walking mit Stöcken im Wald oder querfeldein mit Bergauf-Abschnitten

Diese Vorschläge können euch bei der **Gestaltung eures Activity-Programms** hilfreich sein, sollen euren Bewegungsdrang fördern und bei der Erstellung der Bewegungseinheiten unterstützen. Selbstverständlich könnt ihr auch Kraftausdauer-Sportarten einfügen und mit der Zeit Abwechslung hineinbringen. Es soll wie gesagt nur eine Anregung für euch sein.

Der Gruppe der Profi-Sportler und -Sportlerinnen unter euch überlasse ich ihre Activity-Heart-Health-Programm-Gestaltung, da sie schon über ausreichend sportliche Erfahrung verfügen. Bei der Steigerung von Trainingsumfang und -intensität achtet auf immer wiederkehrende Pausen, um eurem Körper die notwendige Regeneration und Anpassungsmöglichkeit zu geben. In diesen Phasen oder an diesen Tagen ist es sehr angenehm, sich zum Beispiel nur ein Dehnprogramm oder eine entspannte Yoga-Einheit mit anschließender Meditation zu gönnen. Das ist für unseren Körper, den Geist und unsere Seele eine Wohltat!

Die Freude an der Bewegung soll überwiegen, denn gleichgültig welcher Gruppe ihr angehört, so ist es immer von Vorteil, wenn ihr ein Ausdauer-, Kraftausdauer- oder Krafttraining in euren Alltag einplant, damit ist schon der erste Schritt für euer HERZ und eure Herzgesundheit getan.

Einstufung der Gruppe 30 bis 45 Jahre:
Wenn ihr zu dieser Altersgruppe gehört, könnt ihr euch nach der Zustimmung eures Arztes oder eurer Ärztin ebenfalls die sportliche Ausdauer- und Kraftsport-Trainingsform aussuchen, die euch zusagt. Eurem Fitness-Status entsprechend passt ihr die Intensität und den zeitlichen Umfang eurer gewählten Ausdauer-, Kraftausdauer- und/oder Kraftsportart an. Diejenigen, die sich in der Anfänger*innengruppe befinden, starten, optimal angelegt, mit einem drei- bis fünfmaligen Training die Woche, welches Ausdauer-, Kraftausdauer- und Krafttraining beinhalten kann. Die ausdauernde Bewegungsform, die für unser HERZ ja im Vordergrund steht, kann mit kräftigenden Übungen kombiniert werden. Je nach Zeitvolumen könnt ihr dann euren Trainingsplan gestalten und einteilen. Die Intensität der Bewegungsform wird so angesetzt, dass der Umfang des Trainings leicht eingehalten werden kann.
Je nach Fitness-Status kann dann entsprechend gesteigert werden, nach trainingsspezifischen Ansätzen wird empfohlen, zuerst den Umfang, also die Dauer des Trainings, vor der Intensität zu steigern.

Auch hier ist es ratsam, in seinen Körper hineinzuhorchen, was ihm guttut!
Wenn ihr jedes Mal nach dem Training komplett erschöpft seid und ihr euch beim nächsten Mal kaum wieder motivieren könnt, dann solltet ihr euer Programm überdenken und auch eventuell einen Trainer oder eine Trainerin konsultieren. Sie helfen euch dann, eure Aktivitäten den Bedingungen anzupassen, denn nur auf diese Weise erzielt ihr eine für euch positive Wirkung und habt Freude an der Bewegung.

Einstufung der Gruppe 45 bis 60 Jahre:
Bei der Zugehörigkeit zu dieser Gruppe ist bei Anfänger*innen oder jenen unter euch, die die Intensität des Trainings maßgeblich steigern oder die Sportart ändern möchten, auch eine ärztliche Zustimmung anzuraten. Danach könnt ihr selbstverständlich gerne, wenn es eure Gesundheit zulässt, euer Trainingsprogramm nach euren Vorstellungen gestalten.

Oft ist es hilfreich, auch wenn man schon länger sportlich aktiv ist, sich Rat bei einer oder einem Gesundheits- oder Sporttrainer*in zu holen. Die eigenen Lebensbedingungen ändern sich manchmal und in diesem Fall ist es sinnvoll, auch das Bewegungsprogramm neu zu adaptieren.

Bei der Gestaltung eures Bewegungsplanes ist nach der Einstufung in die Altersgruppe auch euer Fitness-Status sowie die Vorliebe für die Bewegungsform von Bedeutung. Dann steht dem Aktivprogramm mit Freude nichts mehr im Wege.

Einstufung der Gruppe 60 bis 75 Jahre:
Wenn ihr dieser Altersgruppe angehört, ihr aber schon seit Jahren sportlich aktiv gewesen seid und laufend an jährlich wiederkehrenden, ärztlichen Kontrolluntersuchungen teilgenommen habt, die auf Grund eurer Ergebnisse für ein Fortführen eures persönlichen Bewegungstrainings sprechen, dann könnt ihr natürlich weiterhin auf diese Weise aktiv bleiben. Ihr tragt so immens zur Förderung eurer Gesundheit bei.
Mit den Jahren kann es natürlich vorkommen, dass sich etwas bei euren gesundheitlichen Werten verändert hat, da sollte man dann das Aktiv-Programm euren Bedingungen entsprechend anpassen und gestalten. Auch hierbei kann zum Beispiel ein*e Sportmediziner*in und auch für die Erstellung des neuen Programms ein*e Sporttrainer*in konsultiert werden.

Es ist für eure HERZ-Gesundheit wirklich von Vorteil, wenn ihr eure aktive Lebensweise weiter bis ins hohe Alter, also auch nach dem 75. Lebensjahr, fortsetzt. Das Hineinhorchen in den eigenen Körper sowie die laufende ärztliche Zustimmung kann euch helfen, auch in späteren Jahren noch einen gesunden und aktiven Lebensstil mit Wohlfühl-Heart-Faktor beizubehalten. Auf diese Weise werdet ihr Freude an einer höheren Lebensqualität haben.

Das Dehnen wird vor allem nach dem Training angeraten, um die Entspannung und Regeneration der Muskulatur zu fördern sowie muskuläre Dysbalancen zu vermeiden. Dies bezeichnet ein Ungleichgewicht der Muskulatur. Man versteht darunter Verkürzungen der Sehnen und Muskeln sowie Verspannungen im Nacken- und Schulterbereich, es kann sich auch um Schmerzen bis hin zu Bewegungseinschränkungen im Knie,

Oberkörper (Rücken, Schulter, Nacken, Hüfte) handeln, die in Folge auch Schon- und Fehlhaltungen nach sich ziehen können.

Das Dehnprogramm nach einer Aktivität trägt auch mental und geistig zu unserer Entspannung bei und bildet einen angenehmen Abschluss nach einer Bewegungseinheit.

Folgende Muskelgruppen können zum Beispiel nach einem Training (Bild 1, 2, 4, 6 bitte beidseitig ausführen) gedehnt werden.

1. Beinmuskulatur
2. Gesäßmuskulatur
3. Schultermuskulatur
4. Nackenmuskulatur seitlich
5. Rückenmuskulatur
6. Armmuskulatur

Johann Heinrich Pestalozzi

»Das Herz gibt allem, was der Mensch sieht und hört und weiß, die Farbe.«

6. Meine herzbewusste Form der Ernährung

Mens sana in corpore sano!
(Röm.Dichter Juvenal,
60-140 n.Chr.)

In einem gesunden Körper wohnt ein gesunder Geist, besagt ein vor fast 2000 Jahren gemeinter Spruch eines römischen Dichters, welcher ein Stück Wahrheit enthält.

Dazu gab es eine interessante Studie von Forscher*innen der Universität von Göteborg, die 1,2 Millionen trainierende junge Soldaten im Alter zwischen 15 und 18 Jahren, die zwischen 1950 und 1976 zum Wehrdienst antraten, auf ihre körperliche Fitness untersuchten und dabei feststellten, dass ihre Herz- und Lungenkapazitäten sehr gut ausgeprägt waren und dem Gehirn dadurch mehr Sauerstoff zugeführt werden konnte. Ein weiterer Effekt war, dass die körperliche Fitness mit einem erhöhten Intelligenzquotienten einherging.

Im vorhergehenden Kapitel wurden ja die verschiedenen Varianten der körperlichen Bewegung besprochen und daher finde ich, dass diese Einleitung ein schöner Übergang zu einer gesunden und herzbewussten Ernährungsweise ist.

Eine ausgewogene und bewusste Ernährung erhält euer wichtigstes und teuerstes Gut, die Gesundheit eures Körpers!
Eine herzbewusste Ernährungsform trägt zum Wohlbefinden eures Körpers, Geistes und eurer Seele bei.

6.1 Welche Variante der Ernährung ist gut für mich?

Es gibt ja mittlerweile schon eine Vielzahl von Ernährungsformen und Ernährungstypen, welche jede für sich ihre Besonderheiten und Vorlieben haben, wobei auch Nachhaltigkeit, Ethik und aktuelle Trends in der Ernährung eine Rolle spielen können. Die Gestaltung der jeweiligen Speisepläne hängt daher von der Wahl der Ernährung ab und ist teilweise schon eine gewisse Herausforderung, vor allem verlangt es einiges an Wissen und Informationen ab, um sich auch wirklich komplex und vollwertig zu ernähren.

Bei allen Ernährungsformen ist grundsätzlich auf eine Verteilung von den Grundnährstoffen in folgendem Verhältnis anzuraten. Diese Aufteilung wird von der deutschen Gesellschaft für Ernährung für Erwachsene empfohlen:

Kohlenhydate:	55%
Fette:	30%
Eiweiß:	15%

Die Prozentangaben sind nun allgemein als Richtwert zu sehen und können mit den Hausärzt*innen sowie mit dem persönlichen Status der Gesundheit abgestimmt werden. Es sind auch Abweichungen von den oben angeführten Vorgaben möglich.

Ich möchte in dem folgenden Abschnitt die individuellen Ernährungsformen näherbringen, um euch einen Überblick zu vermitteln. Es soll das Hauptaugenmerk auf eine herzbewusste Ernährungsform gelegt werden, bei jedem Ernährungstyp werden jene Lebensmittel und Nährstoffe angeführt, die unser Herz in seiner Leistung auch besonders unterstützen.

Ich stelle euch die verschiedenen Ernährungsformen vor und betone dabei die herzbewussten Nahrungsmittel und hebe diese auch hervor. Welche speziellen Nährstoffe benötigt nun unser zentrales Organ des Herz-Kreislauf-Systems, das täglich eine wahre Höchstleistung vollbringt und circa 7.000 Liter Blut durch unseren Körper pumpen muss?
Wie kann man die reibungslose Funktion unseres Herzens noch mehr unterstützen und stärken?

Ein Überblick über die wichtigsten Nährstoffe wie Vitamine, Mineralstoffe und Spurenelemente soll vermitteln, welche davon die Gesundheit des uns am Leben erhaltenden Organs, unser Herz, fördern können:

Vitamine:
Vitamin C, B-Vitamine wie B1 (Thiamin), B2 (Riboflavin), B3 (Niacin), B5 (Panthothensäure), B6 (Pyridoxin, Pyridoxamin, und Pyridoxal), B7 (Biotin), B9 (Folsäure), B12 (Cobalamin), Vitamin D, Vitamin E
Mineralstoffe:
Calcium, Magnesium, Kalium, Natrium, Phosphor, Chlorid, Schwefel
Spurenelemente:
Eisen, Zink, Selen, Chrom, Kupfer, Mangan, Jod

Diese Mikronährstoffe, unter welche Vitamine und Mineralstoffe wie Spurenelemente fallen, sollen reichlich in den von uns ausgewählten Lebensmitteln enthalten sein. Vitamine sind organisch und können durch Hitze, Luft oder Säure abgebaut werden, was bei der Zubereitung der Speisen zu beachten ist. Mineralstoffe und Spurenelemente sind anorganisch und behalten ihre chemische Struktur bei.

Vitamine	Mineralstoffe	Spurenelemente	Sekundäre Pflanzenstoffe
Vitamin C	Calcium	Eisen	Carotinoide
Vitamin B1-Thiamin	Magnesium	Zink	Flavonoide
Vitamin B2-Riboflavin	Kalium	Selen	Glucosinolate
Vitamin B3-Niacin	Natrium	Chrom	Monoterpene
Vitamin B5-Panthothensäure	Phosphor	Kupfer	Phenolsäuren
Vitamin B6-Pyridoxin	Chlorid	Mangan	Phytosterine
Vitamin B7-Biotin	Schwefel	Jod	Phytoöstrogene
Vitamin B9-Folsäure		Fluorid	Saponine
Vitamin B12-Cobalamin			Sulfide
Vitamin D			
Vitamin E			
Vitamin K*			

Vitamin K1 (Phyllochinon): ist in Pflanzen, vor allem in grünem Blattgemüse enthalten. **Vitamin K2** (Menachinon): wird über tierische Produkte wie Eigelb, Fleisch und Milcherzeugnisse aufgenommen, ist für die Vitamin D Aufnahme unverzichtbar.

Zusätzlich wollen wir das **Coenzym Q10** erwähnen, welches zu der Gruppe der Vitaminoide gehört, die im Unterschied zu den Vitaminen im Körper selbst hergestellt werden können. Coenzym Q10 wirkt unterstützend auf verschiedene Prozesse im Organismus und trägt zur Zell- und Herzgesundheit bei. Vor Beginn der Einnahme von Coenzym Q10 bitte einen ärztlichen Rat einholen, wenn blutverdünnende Medikamente eingenommen werden, da die Blutgerinnung in diesem Fall beeinflusst werden könnte.

Sekundäre Pflanzenstoffe:
Folgende möchte ich euch gerne vorstellen:
Carotinoide, Flavonoide, Glucosinolate, Monoterpene, Phenolsäuren, Phytosterine, Phytoöstrogene, Saponine, Sulfide

Die sekundären Pflanzenstoffe sind Farb-, Duft- und Aromastoffe, die in Pflanzenstoffen vorkommen und spezifische Aufgaben haben wie etwa das Anlocken von Insekten und das Abwehren von Schädlingen. Enthalten sind diese besonderen pflanzlichen Wirkstoffe in Gemüse, Obst, Kartoffeln, Hülsenfrüchten, Nüssen sowie Vollkornprodukten. Sie haben zusätzlich neurologische, entzündungshemmende und antibakterielle Wirkungen. Sie können möglicherweise vor verschiedenen Krebsarten schützen und blutdrucksenkend wirken.

Im folgenden Abschnitt werden die spezifischen gesundheitsfördernden Wirkungen der einzelnen sekundären Pflanzenstoffe angeführt, die vor allem in Gemüse und Obst sowie anderen pflanzlichen Lebensmitteln enthalten sind. Diesen pflanzlichen Wirkstoffen wird eine immer bedeutendere und zentralere Rolle im Bereich der Erhaltung unserer Gesundheit beigemessen. Der Genuss von ausreichend Gemüse und Obst wird dementsprechend angeraten. Aus diesem Grund wird empfohlen, den Speiseplan so richtig „bunt“ zu gestalten und die verschiedenen Farben der Gemüse- und Obstsorten zu kombinieren. Beim Konsum von Obst aber auch bitte auf den Zuckergehalt achten, da dieser in manchen Obstarten – wenn auch in natürlicher Form – reichlich enthalten ist!

Sekundäre Pflanzenstoffe sind herzgesund!

Die **Carotinoide** sind auch durch die Farbstoffe rot, gelb und orange gekennzeichnet. Sie wirken antioxidativ, entzündungshemmend und stärken unser Immunsystem. Diese Pflanzenstoffe sind in Karotten, Tomaten, Paprika, grünem Gemüse (Spinat, Grünkohl usw.), Grapefruit, Aprikosen, Melonen und Kürbis enthalten. Diesen wird eine Assoziation mit verringertem Risiko für Herz-Kreislauferkrankungen, altersbedingten Augenerkrankungen, Krebs und Gefäßveränderungen nachgesagt.

Die **Phenolsäuren** sind natürliche Abwehrstoffe der Pflanze gegen Schädlinge und in Kaffee, Tee, Vollkornprodukten und Nüssen enthalten. Diesen wird auch eine antioxidative Wirkung sowie eine Verringerung des Krebsrisikos zugesprochen.

Die **Phytoöstrogene** sind in Getreide wie zum Beispiel Haferflocken und Hülsenfrüchten wie Sojabohnen und Leinsamen sowie auch in Trockenfrüchten, Sesam, Beeren, Brokkoli, Kohlrabi, Grünkohl und Rosenkohl enthalten. Sie wirken ebenfalls antioxidativ und immunstärkend. Es handelt sich hierbei um Pflanzenhormone, die dem weiblichen Sexualhormon „Östrogen“ ähneln und daher Frauen in der Zeit der „Wechseljahre“ beziehungsweise während der Phase des Klimakteriums helfen und den Organismus unterstützen können.

Die **Flavonoide** sind durch die Farbstoffe blau, violett, rot und hellgelb gekennzeichnet. Sie wirken wieder antioxidativ, blutdrucksenkend, entzündungshemmend, immunstärkend und antibiotisch. Es wird ihnen auch eine positive Wirkung auf unsere kognitiven Fähigkeiten sowie ein verringertes Risiko für Krebs- und Herz-Kreislaufkrankheiten zugeschrieben.

Wir können diese zu uns nehmen, wenn wir Äpfel, Birnen, Trauben, Kirschen, Pflaumen, Beeren, Zwiebeln, Grünkohl, Auberginen, Soja und grünen oder schwarzen Tee konsumieren.

Die **Glucosinolate** sind auch natürliche Abwehrstoffe der Pflanze gegen Schädlinge und in allen Kohlarten, Rettich, Senf, Radieschen und auch Kresse enthalten. Sie wirken ebenfalls antioxidativ und immunstärkend und der Konsum verringert das Risiko für Krebskrankheiten.

Die **Sulfide** sind Duft- und Aromastoffe und in Zwiebeln, Lauch, Knoblauch und auch Schnittlauch enthalten. Sie wirken ebenfalls antioxidativ, antibiotisch, blutdrucksenkend, antithrombotisch und cholesterinsenkend. Wer diese pflanzlichen Wirkstoffe konsumiert, hat möglicherweise ein geringeres Krebsrisiko.

Bei den **Monoterpenen** handelt es sich um Duft- und Aromastoffe der Pflanzen und diese sind in Minze, Zitronen und Kümmel enthalten. Die Wirkung kann cholesterinsenkend sein und das Risiko von Krebs reduzieren.

Die **Saponine** sind Bitterstoffe und in Hülsenfrüchten, Soja, Spargel, Hafer und Lakritze enthalten. Sie können auch antibiotisch und krebsreduzierend wirken.

Die **Phythosterole** sind Pflanzenhormone, die ähnlich wie Cholesterol aufgebaut sind und ein Membranbaustoff für unsere Zellen sein können. Diese finden wir wie auch die Phythosterine in Nüssen, Pflanzensamen wie Sonnenblumenkernen,

Kürbiskernen, Sesam, Soja und Hülsenfrüchten wie Linsen, Erbsen und Bohnen. Diesen Pflanzenwirkstoffen wird nachgesagt, dass sie den Cholesterinspiegel im Blut senken und möglicherweise eine positive Wirkung auf unser Herz- und Kreislaufsystem haben, sie sind daher auch herzgesund!

6.2 Die verschiedenen Ernährungstypen

Universaler oder omnivorer Ernährungstyp – Allesesser

Omnivore (von lateinisch „omnis" alles und „vorare" essen oder fressen) oder Allesesser, deren Nahrung oder Kost sich aus Pflanzen und Tieren zusammensetzt, entsprechen dem universalen Ernährungstyp. Es gehören zum Beispiel auch im Tierreich viele Bärenarten und auch Füchse dazu. Bei dieser universalen Ernährungsform werden Lebensmittel sowohl pflanzlichen als auch tierischen Ursprungs miteinander kombiniert und die Gestaltung des Speiseplanes lässt im Vergleich zu den anderen Typen der Ernährung die meiste Vielfältigkeit und Komplexität zu, da ja eigentlich alles erlaubt ist und verwendet werden kann.

Heutzutage ist diese Form der Ernährung jedoch schon sehr selten anzutreffen, da man aus ethischen, gesundheitlichen und religiösen Aspekten auf gewisse Nahrungsmittel verzichtet.

Wenn man sich nun als universaler Ernährungstyp identifiziert und man sich vielseitig und vollwertig auf gesunde Art ernähren möchte, so kann der Speiseplan zu einem Großteil Gemüse, etwas Obst, diverse, auch bittere, Salatsorten, Kräuter, komplexe

Kohlenhydrate wie Vollkornbrot, Vollkornnudeln, Kartoffeln, Vollkornreis, Quinoa, Hirse, Amaranth, Buchweizen sowie Frühstücksflocken usw. enthalten. Zusätzlich kann man jeweils ein- bis zweimal wöchentlich Fleisch, Geflügel oder Fisch aus hochwertigen und nachhaltigen Quellen konsumieren, wobei die Qualität immer vor der Quantität stehen und bei Möglichkeit die Bio-Variante bevorzugt werden soll.

Wer als hochwertige Proteinquelle Fleisch bevorzugt, jenem ist auch Wildfleisch oder auch Wildbret sehr anzuraten, da es aus natürlicher Haltung in der freien Natur stammt (ausgenommen Gatterhaltung), fettarm und daher kalorienreduziert ist und Vitamine, Eisen, Zink und Selen sowie die für uns und unser Herz gesunden Omega-3 Fettsäuren enthält.
Grundsätzlich ist es bei dem universalen Ernährungstyp erlaubt, pflanzliche Lebensmittel sowie jene tierischen Ursprungs zu konsumieren, jene die für eine herzbewusste Ernährung sorgen, sind wie folgt aufgelistet:

Gemüse:

Artischocke, Aubergine, Blumenkohl, Bohnen, Brokkoli, Champignons, Erbsen, Fenchel, Grünkohl, Gurke, Kartoffeln,

Kohlrabi, Kürbis, Lauch, Mais, Mangold, Möhren, Paprika, Radieschen, Rettich, Rhabarber, Rosenkohl, rote Beete oder rote Rübe, Rotkohl, Sauerkraut, Schwarzwurzel, Sellerie, Spargel, Spinat, Tomaten, Weißkohl, Wirsing, Zucchini, Zwiebel

Salate:
Chicorèe, Chinakohl, Endivie, Feldsalat, Kopfsalat, Radicchio

Obst:
Ananas, Apfel, Aprikose, Banane, Birne, Brombeeren, Erdbeeren, Grapefruit, Himbeeren, Honigmelone, Johannisbeeren (schwarz), Kirschen, Kiwi, Mandarine, Mango, Melone, Nektarine, Orange, Pfirsich, Pflaumen, Stachelbeeren, Wassermelone, Weintrauben, Zitrone

Fleisch:
Rindfleisch, Kalbfleisch, Wildfleisch

Geflügel:
Huhn, Pute, Ente, Gans, Wildgeflügel

Beim Einkauf von Fleisch und Geflügel bitte immer auf die qualitativ hochwertige Herkunft achten und vertrauenswürdige Quellen suchen. Der Preis soll der Qualität angepasst sein. Für unsere optimale gesundheitliche Versorgung soll das Fleisch Eiweiße von hoher biologischer Wertigkeit und Nährstoffe wie

Eisen Zink, Selen und B-Vitaminen enthalten.

Fisch:

Unsere heimischen Fischarten wie Zander, Wels, Saibling, Karpfen, Forelle, Alpenlachs, Hecht usw. aus unseren Bächen und Seen sollen unbedingt bevorzugt werden. Auf den wöchentlichen Märkten in Stadt und Land kann man auch angebotene regionale Produkte finden, wo der Züchter sowie die Fütterungsmethode bekannt beziehungsweise leicht nachzuverfolgen sind.

Es wird angeraten, Seefische bitte nur aus nachhaltiger Quelle zu beziehen. Man kann beim Einkauf auf Bio- und Umweltsiegel achten sowie auf das Gütesiegel ASC (Aquaculture Stewardship Council). Hier handelt es sich um eine gemeinnützige Zertifizierungsorganisation, welche den in Aquakulturen gezüchteten Fisch in Bezug auf Nachhaltigkeit, Herkunft und Einhaltung der geforderten Richtlinien kontrolliert.

Das MSC (Marine Stewardship Council) ist ebenfalls eine gemeinnützige Organisation, die für den Zertifizierungsprozess für Fischereien, die Speisefisch und Meeresfrüchte aus nachhaltigem Wildfang beziehen, zuständig ist. Hier bewerten Expert*innen aus Wissenschaft, Fischerei und Umweltschutz, ob der jeweilige Betrieb in Bezug auf eine gesunde Größe des Fischbestandes, auf den Erhalt des Ökosystems sowie auf ein effektives Fischereimanagement achtet. Der Erhalt dieses Gü-

tesiegels erfordert die Erreichung sehr hoher Standards jeder der drei vorher genannten Prinzipien. Folgende Spezies sind unter anderem in zertifizierter Weise erhältlich:
Algen, Plattfische (Flunder, Steinbutt, Heilbutt), Wolfsbarsch, Dorade, Adlerfisch, Garnelen, Muscheln, Lachs, Pangasius usw.

Beim Kauf von Seefisch und Meeresfrüchten, die ein anerkanntes Gütesiegel tragen, fühlt man sich beim Konsum dieser von Natur her gesunden Lebensmittel schon eher auf der sicheren Seite, obwohl man den heimischen Fischsorten den Vorzug geben sollte.

Der zweimalige wöchentliche Fischkonsum wird ja von Ärzt*innen und Ernährungswissenschaftler*innen sehr empfohlen. Nun enthält Fisch aus dem Meer einen höheren Gehalt an den mehrfach ungesättigten Fettsäuren, den sogenannten „Omega-3-Fettsäuren" als heimische Fischarten. Jedoch wird unser Körper mit wertvollem, leicht verdaulichem Eiweiß versorgt, dessen Bausteine aus Aminosäuren bestehen und für unseren Organismus essentiell sind. Das bedeutet, dass diese von unserem Körper nicht selbst gebildet werden können.

Die Omega-3-Fettsäuren kommen vor allem in den fetten Fischarten wie Lachs, Heilbutt, Makrele und Hering vor. Wenn ihr Lachs konsumieren möchtet, wird vom WWF der MSC-zertifizierte Wildlachs aus Alaska, wo die Bestände noch stabil seien, empfohlen. Beim Kauf von Zuchtlachs wird angeraten, auf eine ASC- oder Bio-Zertifizierung zu achten. Von den beiden letztgenannten Fischarten wird der Bezug von Hering laut MSC Council und Greenpeace nur aus dem Nordostatlantik sowie einigen Teilen der Nordsee empfohlen, die Makrele soll, wenn überhaupt, da die meisten Gebiete schon überfischt sind, aus dem Nordatlantik – mit Handleinen gefischt – bezogen werden. Der Heilbutt gilt in seiner Art schon als gefährdet, weißer Heilbutt wird aber auch schon in Aquakulturen gezüchtet, daher vor dem Kauf bitte unbedingt auf eine nachhaltige Herkunft und eine Zertifizierung achten.

Fisch enthält ein breites Vitaminspektrum wie die Vitamine A und D3, welches für den Knochenaufbau verantwortlich ist und als Osteoporose-Vorsorge gilt. In weiterer Folge sind in diesem Lebensmittel ein großer Anteil der B-Vitamine sowie die Mineralstoffe Kalium, Eisen und Selen enthalten. Jod ist in vielen Seefischen enthalten und versorgt den Körper mit diesem lebensnotwendigen Baustein. Der Fokus der herzbewussten Ernährung liegt auf den Omega-3-Fettsäuren, die sich sehr positiv und protektiv auf das Herz-Kreislaufsystem, den Cholesterinspiegel, den Blutdruck und auf die Gehirnzellen auswirken.

Gesättigte Fettsäuren	Einfach ungesättigte Fettsäuren	Mehrfach ungesättigte Fettsäuren
Butter	Olivenöl	Leinöl
Sahne	Rapsöl	Rapsöl
Sauerrahm	Avocadoöl	Hanföl
Kokosöl	Kokosöl	Walnussöl
Schweineschmalz	Nussöle	Sonnenblumenöl
		Distelöl
		Kürbiskernöl
		Maiskeimöl
		Traubenkernöl

Vegetarier*innen

Die vegetarische Ernährung basiert auf rein pflanzlichen Lebensmitteln.
Man verzichtet auf Fleisch, Fisch und die Produkte, die daraus gewonnen werden. Grundsätzlich sind Eier, Milchprodukte und auch Honig erlaubt, außer man entscheidet sich zu einer speziellen Unterform der vegetarischen Ernährung.

Bei der vegetarischen Ernährungsform kann man noch in folgende Untergruppen unterteilen:

Ovo-Lacto-Vegetarier*innen
Bei dieser vegetarischen Ernährungsvariante sind Eier und Milch sowie Produkte daraus erlaubt.

Ovo-Vegetarier*innen
Bei dieser pflanzlichen Ernährungsform ist nur der zusätzliche Genuss von Eiern sowie Produkten daraus erlaubt, Milchprodukte sind zu meiden.

Lacto-Vegetarier*innen
Hier dürfen diejenigen, die diese vegetarische Ernährungsform einhalten, auch Milch sowie Milchprodukte genießen, in dem Fall sind Eier zu meiden.

Es gibt auch noch die Gruppe der „Pescetarier*innen“. Bei jener Ernährungsform handelt es sich um eine Mischform, die den Genuss von Fisch, meist aus gesundheitlichen Gründen, zusätzlich zur vegetarischen Ernährung erlaubt. Durch den Konsum von Meeresfrüchten und Fisch werden dem Körper hochwertiges Protein, Vitamin D, Eisen, Zink, Jod, Calcium, Vitamin B12 und wertvolle Omega-3-Fettsäuren zugeführt, die einen eventuellen Mangel, welcher durch die rein vegetarische Ernährung entstanden worden sein könnte, ausgleichen können.

Es existiert auch noch eine weitere Mischform, die sogenannten „Flexitarier*innen“, die sich vorwiegend vegetarisch ernähren, aber doch hin und wieder Fleisch und auch Fisch essen, in diesem Fall diese Lebensmittel eher selten genossen werden, aber auf eine höhere und nachhaltige Qualität, vorrangig aus Bio-Quelle, geachtet wird.

Durch unsere heutige Lebensweise, die meist durch Zeitmangel gekennzeichnet ist, ist es nicht immer einfach, die pflanzlichen Lebensmittel frisch zu kaufen und dann die Speisen so zuzubereiten und zu kombinieren, dass eine optimale Nährwertaufnahme für unseren Körper erzielt werden kann.

Bei einer Ernährungsform, die vorwiegend aus pflanzlicher Kost besteht, benötigt man schon einige Informationen, um den Organismus mit den notwendigen Nährstoffen auch gut versorgt zu wissen. Für die Allesesser und Flexitarier*innen ist der Verzehr von qualitativ hochwertigen Geflügel, Fleisch und Fisch (für Pescetarier nur Fisch) eine wertvolle Proteinquelle.

Welche Lebensmittel können nun aber Vegetarier*innen zu sich nehmen, um jene herzbewussten Vitamine, Mineralstoffe und Spurenelemente in ihren Speisen zu integrieren und gleichzeitig eine optimale Versorgung zu garantieren?

Wichtige Nährstoffe für Vegetarier*innen:

• **Proteine** (Eiweiß), die 15 % der täglichen Energiezufuhr betragen können und wovon ein erwachsener Mensch je nach körperlicher Betätigung 0,8 bis 1,5 Gramm pro Kilo Körpergewicht benötigt, können aus pflanzlichen Quellen wie zum Beispiel Quinoa, Dinkel, Hafer- und Haferflocken, Amaranth, Chia, Tofu, Hanfsamen, Hülsenfrüchten wie Linsen, Bohnen und Erbsen, Sojabohnen, Tofu, Erdnüssen, Süßlupinen, Nüssen, Brokkoli, Kernen sowie Milchprodukten und Eiern stammen.Kartoffeln enthalten auch essenzielle Aminosäuren (Eiweißbausteine), diese betragen 2 Gramm/100 g. Wenn man zum Beispiel bei einer Mahlzeit Kartoffeln mit Ei kombiniert, erreicht man eine besonders hohe biologische Wertigkeit für den Körper, die aussagt, wie effizient ein Nahrungseiweiß oder ein Protein zur Bildung von körpereigenem Eiweiß herangezogen wird.

• **Kohlenhydrate,** die 55 % der ungefähren Nährstoffzufuhr pro Tag ausmachen können, es werden 5 bis 6 Gramm je Kilogramm Körpergewicht empfohlen. Diese kann man am besten in biologischer Qualität aus Brot und Nudeln, vorzugsweise in Vollkornvariante, Kartoffeln, Quinoa, Haferflocken, Süßkartoffeln, Naturreis, Hirse, Buchweizen, Couscous usw. konsumieren. Es wird angeraten, „komplexe Kohlenhydrate" vorrangig zu genießen. Sie enthalten mehr Vitalstoffe, da sie in der Vollkornvariante, wie der Name schon sagt, das Potential des vollen Korns und dadurch mehr Vitamine, Mineralstoffe und Spurenelemente beinhalten. Wenn es für jemand dann aber doch zu „grobkörnig" ist und die Vollkornkost auch noch zu Verdauungsbeschwerden führt, kann man auch zu einer Variante greifen, die nicht alle Schichten des Getreidekorns verarbeitet. Der äußere Rand wird teilweise entfernt, das Produkt beinhaltet aber trotzdem noch mehr Nährstoffe als es bei einem komplett ausgemahlenen, weißen Mehl der Fall wäre.

Beim Kauf von Brot und Gebäck erkundigt man sich am besten genau, ob es sich tatsächlich um eine Vollkornqualität handelt, denn oft werden in Bäckereien Produkte angeboten, die weißes Auszugsmehl verwenden und dieses mit Malz einfärben.
Da macht es wirklich Sinn, genau nachzufragen, da in diesem Fall der gesundheitliche Effekt nicht gegeben ist. Manche werden sich fragen, ob denn Weißbrot in keinem Fall erlaubt sei!? Selbstverständlich kann man sich dies hin und wieder auch gönnen, wenn man weißes Gebäck liebt. Es soll aber die Ausnahme sein.

Bei den Süßungsmitteln wird in jedem Fall zu natürlichen Quellen wie Honig, Agavendicksaft, Ahornsirup, Apfel- und Birnendicksaft, Malz, Kokoszucker, Stevia usw. geraten. Diese sollten aber auch sparsam eingesetzt werden!

• **Fette,** die 30 % der täglich zugeführten Energie betragen dürfen und wovon pro Tag erwachsene Frauen bei leichter körperlicher Tätigkeit circa 55 Gramm (5,5 Esslöffel Fett) und Männer ungefähr 65 Gramm (6,5 Esslöffel) Fett zu sich nehmen können. Bei der Menge von 55 Gramm handelt es sich zum Beispiel um 3 Esslöffel Öl + 1 Esslöffel Butter oder Margarine + 2 Scheiben Käse + 1 Ei.

Bei der Einteilung des Fettkonsums darf genau darauf geachtet und überlegt werden, welche Art von Fett man zu sich nehmen möchte. Bei einer immerwährend erhöhten Energiezufuhr in Form von Fett kann dies einen negativen Effekt auf unsere gesundheitlichen Werte haben. Ein erhöhter Cholesterinspiegel sowie das Risiko einer Herz-Kreislauferkrankung wären dann die Folge.

Nun stellt sich die Frage, wie wir unsere Fettzufuhr optimal gestalten, dazu habe ich eine Tabelle, bereits auf Seite 125 ersichtlich, vorbereitet.

Grundsätzlich unterscheidet man zwischen den gesättigten und den ungesättigten Fettsäuren, wovon es **einfach und mehrfach ungesättigte Fettsäuren gibt, welche als herzgesunde Fettsäuren gelten.** Sie beeinflussen zum Beispiel auch unseren Cholesterinspiegel und den Blutdruck positiv, senken somit das Risiko für Herz- und Kreislauferkrankungen und wirken krebspräventiv. Dies wird bereits von vielen Studien im Bereich Fettkonsum und Gesundheit bestätigt. Sie haben eine entzündungshemmende Wirkung und einen positiven Einfluss auf die Leistungs- und Konzentrationsfähigkeit.

• Einfach ungesättigte Fettsäuren findet man zum Beispiel besonders in Olivenöl, Rapsöl, Kokosöl, Avocados und Nüssen. Auch wenn sie kaltgepresst sind, was ein besseres Qualitätsmerkmal ist, eignen sie sich zum schonenden Dünsten, Kurzbraten und Backen, da die einfach ungesättigten Fettsäuren relativ hitzestabil sind. Selbstverständlich kann Olivenöl und Rapsöl auch als Dressing in frischen Salaten herrlich genossen werden, wobei man immer die Menge im Auge behalten soll.

• Bei den mehrfach ungesättigten Fettsäuren unterscheidet man die Untergruppen der Omega-3-Fettsäuren, die in Lein-, Raps-, Hanf- und Walnussöl enthalten sind. Omega-6-Fettsäuren (z.B. Linolsäure) findet man auch in Sonnenblumenöl, Distelöl, Kürbiskernöl, Maiskeimöl und Traubenkernöl. Es wird grundsätzlich angeraten, den Anteil der Omega-3-Fettsäuren höher als den der Omega-6-Fettsäuren zu halten. Alle mehrfach ungesättigten Fettsäuren zählen zu den essentiellen, also lebenswichtigen Nährstoffen, die unser Körper nicht selbst herstellen kann und daher zugeführt werden müssen.

Veganer*innen

Für diese Ernährungsform gelten im Prinzip die gleichen Inhalte wie bei den Vegetarier*innen, nur werden alle von Tieren stammenden Produkte wie zum Beispiel Eier, Milch- und Milchprodukte zusätzlich noch weggelassen. Es gibt bereits im Bio- und Reformhandel sehr gute pflanzliche Ersatzprodukte, wodurch die tierischen Lebensmittel dann ersetzt werden können. Auf eine ausreichende Versorgung der B-Vitamine, im Speziellen von Vitamin B12, sowie von Zink und Eisen ist zu achten. Durch regelmäßige Blutuntersuchungen kann man überprüfen, ob ein Mangel der oben genannten Vitamine und Mineralstoffe vorhanden ist, im gegebenen Fall wird der Hausarzt oder die Hausärztin entsprechende Ergänzungsmittel zur Einnahme verordnen.

Diese Übersicht der Ernährungsformen sowie die entsprechenden dazugehörigen Informationen dürfen beitragen, eure Ernährung ab nun herzbewusster zu gestalten, dies kann ein zusätzlicher wichtiger Beitrag für eure Gesundheit sein. Selbstverständlich würde es viel mehr an Platz benötigen, um ausreichend zu informieren, dafür werde ich vielleicht noch ein eigenes Buch mit dazugehörigen Rezepten gestalten, um auch in diesem Bereich optimal unterstützen zu können. Bei meinen Recherchen habe ich festgestellt, dass man auch schon „online“ sehr viele verschiedene, gesunde Rezepte finden kann.

6.3 Die Nahrungsmittelunverträglichkeiten und Allergien

Dieses Unterkapitel der „Nahrungsmittelunverträglichkeiten" zu dem Abschnitt „herzbewusste und gesunde Ernährung" möchte ich euch besonders „ans Herz" legen. Bei der persönlichen Geschichte von Petra besteht in diesem Bereich ein wichtiger Zusammenhang mit einer Nahrungsmittelunverträglichkeit, welche ein mitverantwortlicher Faktor für das Auslösen ihres Herzinfarktes gewesen sein könnte.

Zöliakie oder Glutenunverträglichkeit

Petra und ich haben damals vor 20 Jahren erfahren, dass bei uns beiden eine Nahrungsmittelintoleranz namens „Zöliakie oder Glutenunverträglichkeit" besteht und wir daher auf alle Lebensmittel mit dem Inhaltsstoff „Gluten" verzichten müssten. Diese Nachricht war zu Beginn ein Schock für uns, da wir nun wussten, dass dies ein Verzicht auf vieles bedeuten würde. Nachdem wir uns aber immer mehr mit dem Thema „Glutenunverträglichkeit" auseinandergesetzt hatten, wurde immer klarer, welche gesundheitlichen Nachteile und Folgeerscheinungen die weitere Zufuhr von „Gluten" für unseren Organismus, vor allem für den Magen- und Darmtrakt, bedeuten würde und informierten uns genau über die Zusammensetzung einer glutenfreien Diät, die wir ab nun einhalten wollten.

Unser gesundheitlicher Zustand ließ uns eigentlich keine andere Wahl, schließlich und endlich waren wir sehr froh und glücklich, endlich den Auslöser gefunden zu haben, der für unsere ständigen Beschwerden verantwortlich gewesen ist. Wir hatten beide in kurzer Zeit zwischen 10 und 15 Kilogramm an Gewicht verloren und bei Petra wurde dieser Status sogar wieder als stark gesundheitsgefährdend und als Bedrohung eingestuft, einen weiteren Infarkt zu erleiden. Ihre Blutwerte hatten sich in besorgniserregendem Ausmaß verschlechtert, sodass sie sich wieder in das Allgemeine Krankenhaus in Wien begeben musste, diesmal in die Gastroenterologische Abteilung, um den Grund für ihren schlechten Gesundheitszustand herauszufinden.

Ich möchte euch daher die Situation davor schildern, damit ihr euch in die damalige Situation von Petra besser hineinversetzen könnt.

Kurz nach dem Aufenthalt in dem Rehabilitationszentrum für Herz- und Kreislauferkrankungen am Wechsel in Niederösterreich freute ich mich, meine Schwester Petra erholt und gesund bei mir zu Hause am Land zu empfangen, um mit ihr ein paar schöne Tage verbringen zu können. Ich wollte mich um sie kümmern, sie auch verwöhnen und ihr wieder die positiven Seiten des Lebens zeigen. Wir hatten vor, kleine gemeinsame Ausflüge in die an der Donau nahegelegene Wachau zu unternehmen.
Doch nach ihrer Ankunft bin ich regelrecht über ihr Aussehen erschrocken, sie war stark abgemagert, ihre Wangenknochen waren erhaben und sie sah wie eine schwerkranke Person aus. Petra musste fast ein Drittel ihres Körpergewichtes verloren haben. Ich konnte meine Überraschung kaum verbergen, dann sagte Petra sagte zu mir: „Ich habe dir doch schon am Telefon gesagt, dass sich mein Aussehen verändert hat und du nicht erschrecken sollst!“ Nun, ich hatte aber in keinem Fall an so eine Situation gedacht, hatte angenommen, dass Petra vielleicht ein

neues Kleid oder eine neue Frisur tragen würde, aber ihr Aussehen hatte mich regelrecht schockiert! Ich versuchte die Sache doch etwas zu verharmlosen und mir nicht so viel anmerken zu lassen und meinte dann zu ihr:
„Ich werde uns einmal etwas Gutes zum Essen zubereiten, wir werden es uns gutgehen lassen und das Leben genießen! Außerdem habe ich morgen für uns beide einen Termin beim Friseur reserviert, dann können wir uns dort hübsch machen lassen. Danach gehen wir gleich in die Stadt und besuchen ein nettes Restaurant!“ Petra freute sich sichtlich sehr, ein Lächeln huschte über ihr zartes Gesicht, aber sie wirkte sehr geschwächt und ich dachte bei mir: „Hoffentlich geht das gut und wir können die nächsten Tage so verbringen, wie wir es uns vorgestellt hatten.“
Ich ging in die Küche und bereitete für die ganze Familie das Abendessen zu, wir ließen den Tag schön ausklingen, mir ging jedoch nicht der Gedanke aus dem Kopf, welche Krankheit meine Schwester denn jetzt schon wieder haben könnte, nachdem sie doch erst diesen schweren Herzinfarkt überlebt hatte! Da denkt man doch nicht daran, dass sich Petra schon wieder mit einer anderen Krankheit auseinandersetzen wird müssen. Ich hatte ja keine Ahnung, dass es sich dabei um die Auswirkungen einer Nahrungsmittelunverträglichkeit mit allen seinen gesundheitlichen Konsequenzen handeln würde. Am nächsten Tag, am Vormittag, fuhren wir mit dem Auto zum Friseurbesuch, da die nächste Stadt von unserem Zuhause ungefähr 20 Kilometer entfernt gelegen ist. Meine Schwester wirkte gut gelaunt und schaute an diesem Tag sogar etwas besser aus. Der gestrige Abend und das familiäre Zusammensein hatten sich bei Petra sicher positiv auf ihren mentalen und körperlichen Zustand ausgewirkt. Ich freute mich auch besonders, dass wir

heute gemeinsam Zeit verbringen konnten und dachte schon daran, wie wir dann ganz entspannt und hübsch gestylt zu unserem Lieblingsrestaurant gehen würden, um uns dort kulinarisch verwöhnen zu lassen. Doch soweit sollte es leider nicht kommen, da sich der Zustand von Petra während der Behandlung beim Friseur wieder verschlechterte und sie richtig zusammengefallen und schlecht aussah. Ich war über ihren Zustand überaus besorgt und überlegte, was nun getan werden müsste? Ich entschied, Petra vom Friseurgeschäft direkt in das Krankenhaus zu bringen, um abzuklären, warum sich ihre gesundheitliche Situation plötzlich wieder so verschlechtert hatte. Dort empfingen uns in der Ambulanz sogleich sehr kompetente Ärzt*innen, die uns dann in die interne Abteilung begleiteten, wo meiner Schwester sofort eine Infusion gelegt wurde und ihre Blutwerte überprüft werden sollten. Das Ergebnis zeigte eine massive Verschlechterung der Leberwerte an, was sich auch die Mediziner*innen vor Ort nicht erklären konnten. Die Infusion bewirkte, zumindest für den Moment, relativ rasch eine Verbesserung und Petra fühlte sich sofort wieder stabiler. Sie sah auch frischer aus und ihre Wangen zeigten wieder eine rosige Farbe. Ich war überaus glücklich, dass es meiner Schwester wieder besser ging. In der Klinik rieten uns die Ärzt*innen der internen Abteilung, den gesundheitlichen Status noch genauer abzuklären und untersuchen zu lassen, was denn die Ursache dieser momentanen Verschlechterung gewesen sein könnte. Wir informierten die Mediziner*innen auch über die Vorgeschichte von Petra, dass sie vor Kurzem einen schweren Herzinfarkt überstanden hatte und erst eben vor zwei Tagen von einem Kur- und Rehabilitationsaufenthalt zurückgekommen sei. Während dieser Kur hatte Petra bereits in der vierten Woche über massive Verdauungsbeschwerden und starke Durchfälle geklagt. Die Ärzt*innen

in der dortigen Kuranstalt für Herz- und Kreislauferkrankungen hatten auch keinen Grund für diese Symptome, die meine Schwester quälten, gefunden.
Nach unserer Rückkehr aus der Stadt blieb Petra noch ein paar Tage bei uns am Land und ich versuchte sie so gut wie möglich mit schönen Dingen wie mit Besuchen von Freund*innen, kleinen Ausflügen oder Spaziergängen in der Natur abzulenken. Ich bereitete ihre Lieblingsspeisen und -gerichte zu, aber sie hatte nicht wirklich Appetit und sie wirkte sehr müde und war auf Grund ihres damals geschwächten gesundheitlichen Zustandes nicht sehr motiviert, viel zu unternehmen.
Meine Schwester wurde nach einer Woche von meinen Eltern abgeholt und sie brachten sie zur weiteren Betreuung zu sich nach Hause. Sie suchten in der folgenden Woche mit ihr einen Facharzt für interne Medizin und Gastroenterologie auf. Die Vermutung, dass die Ursache ihrer Beschwerden in ihrem Magen-Darm-Trakt, dem gastroenterologischen Bereich, liegen würde, war sehr wahrscheinlich. Der konsultierte Mediziner wies Petra dann sofort in die gastroenterologische Abteilung des Allgemeinen Krankenhauses in Wien ein, um spezifische Untersuchungen bei ihr einzuleiten.

Nach einigen Tagen ihres Krankenhausaufenthaltes erhielt Petra die Diagnose „Zöliakie“, dies bezeichnet eine Glutenunverträglichkeit und ist eine Form einer Autoimmunerkrankung, welche sich meist durch eine genetische Veranlagung und mögliche äußere Umwelteinflüsse ergibt.

Ihr werdet euch nun sicher fragen, durch welche Untersuchungen die Diagnose „Zöliakie“ festgestellt werden kann. Wenn nun der Verdacht dafür besteht, können Hausärzt*innen oder dafür zuständige Fachärzt*innen, Gastroenterolog*innen oder Internist*innen, im ersten Schritt eine Blutuntersuchung anordnen, die aufklären soll, ob Antikörper im Blut enthalten sind, die auf eine Zöliakie hinweisen könnten. Diese Antikörper entstehen, wenn unser Organismus sich gegen gewisse Eindringlinge, in diesem Fall „Gluten", zur Wehr setzt. Das mit der Nahrung aufgenommene Eiweiß, genannt Gliadin, löst in unserem Körper einen Prozess aus, bei welchem verschiedene Arten von Antikörper, auch gegen ein körpereigenes Enzym im Dünndarm, die Gewebstransglutaminase (tTg-IgA-Antikörper), gebildet werden. Dieses Enzym baut in unserem Organismus hochmolekulare Proteinstrukturen auf, wie sie zum Beispiel bei der Blutgerinnung vorkommen, und ist essentiell für den Aufbau von Haut, Haaren und anderen Körperstrukturen. Bei der Blutanalyse sind bei Zöliakie-Patient*innen die Werte von Vitamin B12, Folsäure, Vitamin K, Eisen und Speichereisen (Ferritin) sowie von den Mineralstoffen Magnesium, Kalzium und Kalium stark erniedrigt. Damit eine zweifelsfreie Diagnose gelingen kann, erfolgt nun der zweite Schritt, eine Zöliakie-Gewebeuntersuchung im Dünndarm. Bei einer histologischen Untersuchung werden, wenn gewünscht, bei schmerzfreiem Dämmerschlaf, kleine Gewebeproben (Biopsien) aus dem oberen Teil des Dünndarms in einer gastroenterologischen Praxis mittels einer Endoskopie entnommen. Diese Proben werden dann auf den bei einer Zöliakie typischen Schwund der Dünndarmzotten untersucht (Zottenatrophie). Die Gastroenterolog*innen beurteilen den Zustand des Gewebes anhand der sogenannten Marsh-Kriterien.

Je höher der Grad bei der Untersuchung ausfällt, desto stärker sind die Darmzotten bereits in Mitleidenschaft gezogen.

Diese Diagnose bedeutete die Einhaltung einer lebenslangen Diät. Meine Schwester und alle Familienmitglieder waren in erster Linie natürlich sehr froh und glücklich, endlich die Ursache ihrer Beschwerden und ihres überaus geschwächten, gesundheitlichen Zustandes gefunden zu haben. Es handelte sich aber nicht um eine momentane lebensbedrohliche Erkrankung, darüber waren wir wirklich sehr erleichtert.

Zu diesem Zeitpunkt befand ich mich auf einer Reise nach Italien, als Petra mir am Telefon ihre Diagnose mitteilte. Bei mir hatten inzwischen auch die typischen Symptome wie Verdauungsbeschwerden mit starken Durchfällen eingesetzt. Meine Familie und ich machten auf dem Weg nach Italien gerade für ein paar Tage einen Zwischenstopp am Wörthersee, um hier einige Urlaubstage zu verbringen. Mein Mann und meine Kinder wollten sportliche Unternehmungen wie Radtouren und Wanderungen in die nahegelegene Umgebung des Sees machen. Ich fühlte mich aber auch zu dieser Zeit schon so geschwächt, dass ich nicht imstande war, mich aktiv an den Ausflügen zu beteiligen und blieb meistens im Hotel, da ich sehr müde war. Ich verlor täglich an Gewicht und, da ich kaum Nahrung bei mir behielt und auch schon fast keine Speisen mehr vertrug, ernährte ich mich fast nur mehr von Reis. Das war instinktiv die richtige Handlungsweise, ich wusste nur nicht, warum es mir plötzlich auch so schlecht ging. Dann kam ja die Diagnose „Zöliakie", die meiner Schwester in der Klinik mitgeteilt wurde und da wusste ich sofort, dass ich eventuell auch davon betroffen sein könnte. Nach meiner Rückkehr aus dem Urlaub kontaktierte ich ebenfalls sofort meinen Hausarzt, der mich zu den diversen Untersuchungen überwies und ich erhielt kurz danach auch die gleiche Diagnose, nämlich „Zöliakie".

Getreidesorten und glutenhaltige Lebensmittel	Glutenfreie Lebensmittel und glutenfreie Alternativen zu Getreide
Weizen und Dinkel, Roggen, Gerste, Grünkern, Hafer, Emmer, Einkorn, Kamut	Buchweizen, Amaranth, Chiasamen, Leinsamen, Hirse, Quinoa, Hanf, Lupine, alle Reissorten, Reisnudeln
Brot und Gebäck, Teigwaren und Mehlspeisen davon erzeugt	Mais, Kartoffeln, Süßkartoffeln, Topinambur.
Bier	Hülsenfrüchte wie Erbsen, Kichererbsen, Bohnen, Linsen,
Mehl, Grieß, Stärke, Flocken, Müsli, Paniermehl, Bulgur, Couscous von oben angeführten Getreidesorten	Gemüse und Obst, Kräuter, Nüsse, Öle und Samen
Teigwaren	Milch- und Milchprodukte
Kleie und Grütze	Fleisch, Fisch und Meeresfrüchte

Gluten kann auch versteckt als Bindemittel oder Zusatzstoff in Würsten, Fertigsuppen oder -saucen, Ketchup, Sojasaucen, Gewürzmischungen, Speiseeis, Schokolade usw. enthalten sein, daher unbedingt auf die Zutatenliste achten!

Eine Unverträglichkeit gegen das in Lebens- und Nahrungsmitteln enthaltene „Gluten“ erfordert die Maßnahme, sich genau darüber zu informieren, welche Produkte ab sofort zu vermeiden sind und nicht konsumiert werden dürfen. Bei „Gluten“ handelt es sich um ein Protein beziehungsweise eine Kette von Aminosäuren, die das Verdauungssystem bei einer Intoleranz nicht verwerten kann.

Nach der Diagnose wurde uns ebenfalls geraten, eine medizinische Diätberatung zu konsultieren. Diesem Rat folgten wir und uns wurden dann die Grundsätze der glutenfreien Diät erklärt und auch beigebracht, wie man diese am besten in die Praxis umsetzen kann. Zur damaligen Zeit gab es noch nicht so ein reichhaltiges Angebot an glutenfreien Produkten, die heutzutage schon in fast allen Supermärkten erhältlich sind. Vor 20 Jahren war die Auswahl noch relativ klein und diese Diätprodukte waren auch nur in Fachgeschäften und Reformhäusern zu bekommen und sehr teuer. Wir begannen daher auch selbst unser Brot zu backen, was zu Beginn auf Grund der speziellen Zutaten etwas mühsam war, aber mit der Zeit schmeckte uns das Ergebnis immer besser. Welche Lebensmittel enthalten nun Gluten und welche Alternativen gibt es dafür? Grundsätzlich ist in allen Getreidesorten wie Weizen, Gerste, Roggen, Dinkel, Grünkern, Kamut, Emmer, Einkorn und Hafer „Gluten“ enthalten. Alle daraus hergestellten Lebensmittel wie Mehl, Grieß, Stärke, Flocken (Müsli), Paniermehl oder Brösel und Teigwaren sowie Bulgur und Couscous, die aus diesen Getreidesorten hergestellt werden, sollen auch gemieden werden. Das Getränk Bier darf auch nicht konsumiert werden, da es Weizen oder Gerste enthält. Im Handel gibt es aber bereits glutenfreies Bier.

Man gewöhnt sich mit der Zeit daran, die Inhaltsstoffe der Lebensmittel genau zu lesen, bevor man diese kauft. Bei den meisten gängigen Supermarktketten und Drogeriemarkt-Filialen wird schon mehrfach „glutenfrei“ gekennzeichnete Ware angeboten.

Wer eine glutenfreie Diät einhalten muss, hat auch die Möglichkeit die von Natur her glutenfreien Getreide-Alternativen zu konsumieren. Dabei handelt es sich um die Sorten Amaranth, Buchweizen, Chia, Leinsamen, Hirse, Quinoa, Hanf, Lupine und verschiedene Reisarten, bevorzugt Vollkornreis, roter oder schwarzer Reis. Bitte beim Kauf immer fragen, ob bei der Abfüllung des Produktes auf die saubere Trennung von den herkömmlichen Getreidesorten geachtet wurde oder eine sogenannte „Kontaminierung“ mit glutenhaltigen Getreide

stattgefunden haben kann, daher bitte immer auf die Zertifizierung achten oder auf die Bezeichnung „kann Gluten enthalten", welche dann bei den Inhaltstoffen angeführt ist. Aus den meisten vorher erwähnten glutenfreien Getreide-Alternativen kann auch Mehl hergestellt werden und diese sind im Fachhandel erhältlich.
Selbstverständlich gibt es noch viele weitere Lebensmittel, die eine gesunde Ernährung unterstützen und die man bei einer glutenfreien Diät konsumieren darf. Dabei handelt es sich um die bereits vorher angeführten Getreide-Alternativen und deren Produkte. Zusätzlich können Mais, Kartoffeln, Reisnudeln, Süßkartoffeln, Hülsenfrüchte (Erbsen, Kichererbsen, Bohnen, Linsen), Topinambur sowie Milchprodukte, Fleisch, Fisch und Meeresfrüchte, Gemüse und Kräuter, Obst sowie Nüsse, Öle und Samen genossen werden.

Heutzutage kann also eine glutenfreie Diät wirklich vielfältig und variantenreich mit verschiedenen Lebensmitteln gestaltet und in diversen Rezepten wunderbar umgesetzt werden. Kreativität ist natürlich gefragt und es macht auch Freude, immer wieder neue Zubereitungsarten auszuprobieren.

Beim Besuch von Restaurants wird man in den Speisekarten auch schon sehr gut informiert, auf jeden Fall ist es ratsam, nachzufragen, welche Speisen glutenfrei zubereitet werden können. Man kann sich auch online erkundigen, welche Restaurants für glutenfreie Speisen empfohlen werden. Es ist auf jeden Fall sinnvoll und auch gesünder, sich vorher schon darüber zu informieren, um ungute Überraschungen zu verhindern.
Ich möchte euch auch noch gerne darüber informieren, welche die Gesundheit schädigenden Folgeerscheinungen auftreten

können und sich durch eine Umstellung der Ernährung zu einem Großteil vermeiden lassen würden. Das bedeutet, dass man bei der Diagnose „Zöliakie" durch eine genetische Disposition mehr zu diesen Krankheiten tendieren kann als Menschen ohne diese genetische Veranlagung. Durch eine dauerhaft konsequent glutenfreie und auch gesunde Ernährungsweise kann sich unser Darm auch sehr gut erholen. Unser Immunsystem, welches zu einem Großteil in unserem Darm angelegt ist, baut sich wieder auf und der gesamte Organismus wird dadurch wieder optimal mit Nährstoffen versorgt.

Unbehandelt, das bedeutet, bei Nichteinhaltung der glutenfreien Diät, führt die Glutenunverträglichkeit zu einer chronischen Schädigung des Dünndarms, der induzierte Nährstoff- und Vitaminmangel kann folgende Krankheiten begünstigen und hervorrufen:

- Nyktalopie (Nachtblindheit – Vitamin-A-Mangel)
- Eisenmangelanämie
- Bauchspeisedrüsenerkrankungen
- Hauterkrankungen wie zum Beispiel Dermatitis herpetiformis (krankhafte Hautveränderungen und nesselartige Knötchen)
- Herzmuskelerkrankungen
- chronische Hepatitis (Lebererkrankung)

- Arthritis (Gelenkentzündung)

- Osteoporose (Knochenschwund – bei Erwachsenen wegen Vit-D-Mangel) und Osteomalazie (Knochenerweichung bei Kindern) oder Rachitis (Knochendeformierungen)

- Tumorerkrankungen wie Dünndarm,- Dickdarm- und Speiseröhrenkrebs

- Psychische Erkrankungen und Erkrankungen des Nervensystems wie Depressionen, Epilepsie

- Cephalgie (Kopfschmerzen), Migräne

Durch die Beeinträchtigung der Abläufe im Verdauungstrakt können ebenfalls sogenannte „Fettstühle“ entstehen, wodurch wertvolle Vitamine (vor allem A, D, E und K) und Fettsäuren, die unser Organismus dringend benötigen würde, ausgeschieden werden. Bei Kindern mit genetischer Veranlagung ist das Risiko, an Zöliakie zu erkranken, dreimal so hoch, als von jenen, die diese Disposition nicht aufweisen. Man kann daher bei betroffenen Kleinkindern ab dem ersten Lebensjahr, beziehungsweise ab dem Zeitpunkt (nicht vor dem vierten Monat empfohlen), ab welchem Lebensmittel mit Gluten angeboten und gefüttert werden, darauf achten, ob Verdauungsbeschwerden oder bereits Gedeih- bzw. Entwicklungsstörungen auftreten. In diesem Fall wird angeraten, bitte sofort ärztlichen Rat einzuholen.
Es können auch ähnliche Symptome wie Verdauungsprobleme, Durchfall, Bauchschmerzen, Müdigkeit und Abgeschlagenheit, Herzrhythmusstörungen, Hautprobleme und Kopfschmerzen Anzeichen einer „Weizenallergie“ sein. In diesem Fall werden

bestimmte Eiweißverbindungen, die nur im Weizen enthalten sind, nicht vertragen.

Bitte daher unbedingt fachärztlich abklären lassen, ob es sich um eine Intoleranz oder Allergie handelt.
Es gibt auch noch die „Weizenunverträglichkeit oder Weizensensitivität", diese liegt vor, wenn eine Zöliakie und eine Weizenallergie ausgeschlossen wurden. Die Weizenunverträglichkeit, auch eine Form der Glutenintoleranz, ist als Krankheitsbild bisher noch nicht eindeutig definiert und begründet worden, wird aber derzeit verstärkt wissenschaftlich erforscht.

Grundsätzlich erfährt man in Kreisen von Fachmediziner*innen und Ernährungswissenschaftler*innen, dass der Grund der in den letzten Jahren immer stetig mehr auftretenden Gluten-Intoleranzen in der Bevölkerung vor allem daran liege, dass sich der Gluten-Gehalt der heutzutage angebauten Weizensorten fast verdoppelt hat. Dies zeigt uns der Organismus bei immer mehr Menschen in der Form, dass er mit einem so hohen Glutenkonsum nicht mehr zurechtkommt. Der Körper zeigt in Folge eine autoimmune Reaktion, die man als eine Art von Abwehr gegen den eigenen Organismus ansehen kann.

Bei der Wahl der optimalen Ernährungsform für mich und meinen Körper dürfen daher in erster Linie die gesundheitlichen Bedürfnisse und Intoleranzen und dann die persönlichen Vorlieben in den Vordergrund gerückt werden. Das Essen soll ja auch Freude machen und wie bei vielen Familien oder im Freundeskreis üblich, kann es ja auch genussvoll zelebriert werden, was auch dem Geist und unserer Seele guttut. Darüber erzähle ich euch aber in unserem nächsten Kapitel.

Laktoseintoleranz

Bei der Laktoseintoleranz handelt es sich um eine Milchzucker-Unverträglichkeit. Das Verdauungsenzym „Laktase“, welches in der Dünndarmschleimhaut gebildet wird, kann von unserem Organismus nur in verminderter Form oder gar nicht produziert werden. Der Milchzucker oder die Laktose werden nur unvollständig oder gar nicht in unserem Verdauungssystem abgebaut. Dadurch kann sich in Folge eine Unverträglichkeit für Milch und Milcherzeugnisse ergeben. Kurz nach dem Genuss gelangt nicht aufgespaltener Milchzucker in unseren Gastrointestinaltrakt bis in den Dickdarm, wo er aufgenommen und vergoren wird. Es entstehen Gärungsprodukte wie Laktat (Salz der Milchsäure) und die Gase Kohlendioxid (CO_2), Methan (CH_4) und Wasserstoff (H_2), welche zu einem Völlegefühl, Unterbauchschmerzen, Blähungen und Übelkeit führen können. Die aktive Milchsäure wird folglich auch zu Durchfällen führen.

Die Laktoseintoleranz ist weltweit sehr verbreitet. Auf Grund der anthropologischen Entwicklung des Menschen besteht auf der Erdkugel ein Nord-Südgefälle und somit sind jene im nördlichen Teil der Welt angesiedelten Bevölkerungsgruppen weniger als jene im südlichen Teil betroffen. Am seltensten kommt eine Laktose-Intoleranz in Nordeuropa vor, in Schweden und Dänemark sind nur 2 bis 5 % der Einwohner*innen davon betroffen. In Deutschland, Österreich und Schweiz, Finnland, Mittel- und Norditalien sowie Nordfrankreich betrifft dies die Bevölkerung zwischen 15 bis 20 %, während in Südeuropa oft bis zu 70 % von einer Laktose-Unverträglichkeit betroffen sind.

Der eine Grund, warum heutzutage auch Erwachsene oftmals Milch und Milchprodukte ohne Probleme zu sich nehmen können, liegt an der evolutionären Entwicklung. Der Mensch, welcher sich dort aufhielt, wo die Betreibung der Viehwirtschaft stattgefunden hat, hat sich im Laufe der Zeit an die vermehrte Aufnahme von Milch angepasst und eine Verträglichkeit (Laktasepersistenz) entwickelt. Ein anderer Faktor betreffend Milchzuckerverträglichkeit spielt in der Art eine Rolle, dass die Produktion des Enzyms Laktase auch genetisch gesteuert ist. Diese Genmutation hat in den oben beschriebenen Bevölkerungsgruppen stattgefunden, mit der Folge, dass sie die Laktose in der Milch gut vertragen können.

In Asien und Afrika betrifft aber die Laktose-Intoleranz fast 90 % der Bevölkerung, während eben in Westeuropa, Australien und Nordamerika nur 5 bis 20 % davon betroffen sind.

Heutzutage sind auch im Handel schon sehr viele laktosefreie Produkte sowie andere pflanzliche Alternativen erhältlich, eine laktosefreie Ernährung lässt sich also einfacher als früher gestalten. Grundsätzlich kann man auch sagen, dass in allen gereiften Milchprodukten (Parmesan, Camembert, Mozzarella, Feta-Käse sowie Butter) wenig Laktose und in frischer Ware (Milch, Buttermilch, Joghurt, Hüttenkäse, Sahne, Sauerrahm und Mascarpone) mehr davon vorhanden ist. Es wird auch oft der Konsum von Schaf- oder Ziegenmilch empfohlen. Die aus diesen Milcharten verarbeiteten Produkte werden besser vertragen als jene der Kuhmilch, das ist aber individuell ärztlich abzuklären.

Lebensmittel mit Laktose	Lebensmittel mit wenig Laktose
Milch	Parmesan
Buttermilch	Camembert
Joghurt	Sauerrahmbutter
Hüttenkäse	Mozzarella
Sahne	Feta-Käse
Sauerrahm	Butter
Mascarpone	Knäckebrot
Kondensmilch	Butterreinfett
Schmelzkäse	

Bei einer diagnostizierten Laktoseintoleranz sollen auch Lebensmittel, die Magermilch- oder Vollmilchpulver enthalten, wie zum Beispiel Eiscreme oder Milchschokolade gemieden werden. Bei Brot bitte auch auf milchfreie Sorten achten, Milchbrötchen, Rosinenbrot, Kuchen und Gebäck sowie viele Tortenbackmischungen enthalten Milch.

Es gibt heutzutage im Handel schon eine große Auswahl an „laktosefrei" gekennzeichneten Produkten, welche konsumiert werden können. Bei der Zusammensetzung der Ernährung ist den Lebensmitteln der Vorrang zu geben, welche von Natur aus „laktosefrei" sind.

Hinzufügen möchte ich am Abschluss noch, dass mit der Diagnose „Zöliakie" oft auch eine Laktose-Intoleranz verbunden sein kann, da unser Verdauungssystem schon sehr belastet ist. Zu Beginn der Einhaltung der glutenfreien Diät ist es ratsam, nur in geringen Mengen Milch- und Milchprodukte zu sich zu nehmen. Wenn sich unser Darm dann langsam erholt hat, verträgt man einige Zeit später die Laktose wieder besser.
In jedem Fall ist die Abklärung bei konsultierten Ärzt*innen auch in diesem Bereich anzuraten.

Fruktoseintoleranz oder Fruchtzuckerunverträglichkeit

Wenn eine Fruchtzuckerunverträglichkeit vorliegt, wird Fruktose, welche eine geruchlose, leicht wasserlösliche und sehr süß schmeckende Zuckerart ist, im Dünndarm nicht ausreichend aufgenommen und im Dickdarm von Bakterien abgebaut. Dabei kann es zu den typischen Beschwerden wie Blähungen, Bauchschmerzen, Übelkeit und Durchfall kommen. Unbehandelt führt dies zu einer Veränderung der Darmflora und es könnten gewisse Vitamine, Mineralstoffe und Spurenelemente, die für eine ausreichende Versorgung des Körpers notwendig sind, nicht mehr optimal aufgenommen werden.

Die Fruktose-Intoleranz ist nicht heilbar, es kann mit einer Ernährungsumstellung ein relativ beschwerdefreies Leben geführt werden.

Interessant ist es auch zu wissen, dass Fruchtzucker ein Einfachzucker ist und zu den Kohlenhydraten gehört. Dieser kommt im Honig und in gewissen Obst- und Gemüsesorten vor. Im Unterschied zu Traubenzucker (Glucose) liefert Fruktose keine schnell verfügbare Energie und lässt den Insulinspiegel nicht ansteigen, ein zu hoher Konsum wirkt sich nachteilig auf eure Herzgesundheit aus!

Lebensmittel mit Fruktose	Lebensmittel mit wenig Fruktose
Honig, Dattel- und Agavensirup	Brombeeren, Himbeeren, Erdbeeren, Heidelbeeren
Äpfel, Birnen	Honigmelone, Papaya, Passionsfrucht
Pflaumen	Limette
Bananen, Mangos, Trauben	Avocado
Trockenfrüchte	Sellerie, Gurke
Kohlrabi und Paprika	Brokkoli
Kürbis	Spinat
Zwiebel, Knoblauch und Lauch	Kopfsalat, Chicorèe
Kohlgemüse, Spargel	Fisolen, Erbsen, Melanzani
Obstsäfte, Obstkonserven, Kompotte	Artischocken, Radieschen, Mangold
Limonaden, Eistee, Softdrinks	Champignons

Bitte bei Süßwaren auch auf den Gehalt von Fruchtzucker oder auch auf Sorbit achten!

Der Organismus ist von Natur aus sowieso nicht an größere Mengen von Fruchtzucker gewöhnt und auch Menschen ohne Intoleranz sind schon einmal überfordert. Eine Umstellung der Ernährung sowie die Vermeidung von Obstsorten wie Äpfel, Birnen, Zwetschgen, Bananen, Mangos, Trauben, allen Trockenfrüchten, Kirschen, Kaki, Obstsäften, Obstkompotten sowie Fruchtkonserven und Limonaden, Fertig-Eistees und Softdrinks sind für unser Verdauungssystem mit einer Fruktose-Unverträglichkeit sicher eine Erleichterung. Beeren wie Brombeeren, Himbeeren und Erdbeeren, Honigmelone, Papaya, Limette, Passionsfrucht und Avocados enthalten im Verhältnis weniger Fruktose und werden besser vertragen.

Folgende Gemüsesorten wie Paprika, Kohlgemüse, Spargel, Kürbis, Zucchini, enthalten viel Fruchtzucker und bei Arten wie Karotten, Sellerie, Brokkoli, Spinat und Kopfsalat ist etwas weniger davon vorzufinden. Der Gehalt an Fruchtzucker ist in Gemüsesorten wie Fisolen, Erbsen, Melanzani, Artischocken, Radieschen und Mangold als sehr gering eingestuft.

In jedem Fall wird eine persönliche Diagnose und Ernährungsberatung durch Fachärzt*innen angeraten.

Histaminintoleranz

Bei einer Histaminintoleranz (Histaminose) ist der Abbau von Histamin in eurem Organismus gestört und der Körper reagiert auf erhöhte Mengen an Histamin mit allergieähnlichen Unverträglichkeitserscheinungen wie Schwindel, Hautrötungen, Ekzemen, Juckreiz, Nesselausschlag, Migräne, gerötete geschwollene Augenlider, chronischen Schnupfen, Verdauungsbeschwerden wie Übelkeit, Durchfall, Erbrechen, Bauchschmerzen oder auch Herzrasen.
Histamin zählt zu den biogenen Aminen und entsteht als Abbauprodukt durch einen enzymatischen Vorgang, welches aus dem Eiweißbaustein Histidin gebildet wird.
Histamin übt auch als biologischer Botenstoff verschiedene Funktionen im Körper aus, regt zum Beispiel die Erweiterung der Blutgefäße an und senkt damit den Blutdruck, was für eine herzbewusste Lebensführung auch sehr wissenswert ist. Es werden durch Histamin auch sehr bedeutende Abläufe im Organismus wie der Schlaf-Wach-Rhythmus, die Appetitkontrolle, die Lernfähigkeit, das Gedächtnis und die Emotionen reguliert. Es fungiert sozusagen als Mediator oder Vermittler

von Entzündungsprozessen bei allergischen Reaktionen und löst Allergie-Symptome aus, die bei einer Histaminintoleranz auftreten. Es handelt sich aber um keine Histaminallergie, die Symptome entstehen nicht durch eine Überreaktion des Immunsystems auf Histamin, was bei einer Allergie der Fall ist.

Wenn euch euer Organismus Symptome anzeigt, dass eventuell eine Histamin-Unverträglichkeit vorliegen könnte, sollen wir uns an die Ärzt*innen unseres Vertrauens wenden. Diese werden uns im gegebenen Fall an Fachärzt*innen weiterleiten. Der Besuch bei Internist*innen, die auf Intoleranzen und Allergien spezialisiert sind, wird empfohlen. Grundsätzlich ist es immer sinnvoll in sich hineinzuhören und den eigenen Körper zu beobachten, nach dem Genuss von welchen Lebensmitteln die Symptome hervorgerufen werden. Im gegebenen Fall wird angeraten, wenn man selbst betroffen ist, auch Notizen oder Aufzeichnungen zu machen. Es wird auch empfohlen, ein Ernährungstagebuch mit den auslösenden Beschwerden zu führen.

Bei der Konsultation von Mediziner*innen in diesem Fachbereich erfolgt meistens zuvor die Austestung der Intoleranzen Gluten, Laktose und Fruktose, um diese einmal ausschließen zu können. Ist dies geschehen und der Ausschluss der drei Faktoren bestätigt, wird in weiterer Folge durch einen Bluttest auf Histamin die Konzentration des Histamin-abbauenden Enzyms Diaminoxidase (DAO) im Blutserum gemessen. Weitere Möglichkeiten der Abklärung geschehen durch eine Darm- und Stuhluntersuchung.

Wenn die Diagnose Histaminintoleranz gestellt ist, erhalten wir eine ärztlich angeleitete, ernährungsspezifische Aufklärung über unsere zukünftige Ernährungsumstellung, um unseren Organismus wieder zu regenerieren.

Lebensmittel mit Histamin	Lebensmittel mit wenig Histamingehalt
Fleisch und Wurstwaren wie Bratwurst, Salami, Bündnerfleisch, Rohschinken, Trockenwürste	Frisches oder tiefgekühltes Fleisch und Geflügel
Fisch als Konserve wie Thunfisch, Makrele, Sardinen, Sardellen, Hering, Meeresfrüchte	Frische oder tiefgekühlte Fische wie Kabeljau, Dorsch, Rotbarsch, Forellen, Seelachs
Gereifter Käse wie Parmesan, alter Gouda, Cheddar Schimmelkäse	Frische Milchprodukte wie Frischkäse, Hüttenkäse, Quark, Joghurt, Milch, Sahne, Rahm, Butter und Butterkäse, junger Gouda
Gemüse wie Sauerkraut, Spinat, Melanzani, Avocado, Keime und Sprossen, Tomaten, Tomatensauce, Ketchup	Gemüse wie Kartoffeln, grüner Salat, Kohl, Kürbis, Radieschen, Rettich, Spargel, Paprika, Brokkoli, Gurke, Mais, Zucchini, Karotten und frische Kräuter
Hülsenfrüchte wie Linsen, Bohnen, Lupine, Kichererbsen	Obst wie Aprikosen, Melone, alle Beerenarten, Mango, Kirsche, Pfirsich, Nektarinen, Litschi, Rhabarber
Rotwein, schwarzer Tee	Getreide wie Weizen, Dinkel, Gerste, Hirse, davon Brot- und Backwaren sowie Getreideflocken
Nüsse wie Walnüsse und Erdnüsse	Reis und Nudeln
Pilze wie Steinpilze, Pfifferlinge	
Hefebrot, Hefezopf	
Süßwaren wie Gummibärchen	
Fertigprodukte mit Farb- und Zusatzstoffen	

Es wird empfohlen, folgende histaminreiche Lebensmittel zu vermeiden:

- **Fleisch:** alle Arten von Wurstwaren wie Bratwurst, Salami, Bündnerfleisch, Rohschinken, Trockenwürste
- **Fisch:** als Konserve mariniert, gesalzen oder getrocknet, Thunfisch, Makrele, Sardinen, Sardellen, Hering und Meeresfrüchte
- **Käse:** gereifter Käse, Parmesan, alter Gouda, Cheddar, Schimmelkäse
- **Gemüse:** Sauerkraut, Spinat, Tomaten, Tomatensauce, Ketchup, Melanzani, Avocado, Keime und Sprossen
- **Soja sowie Sojaprodukte**
- **Hülsenfrüchte:** Linsen, Bohnen, Lupine, Kichererbsen
- **Getränke:** Rotwein, schwarzer Tee
- **Kakao:** dunkle Schokolade
- **Nüsse:** Walnüsse, Erdnüsse
- **Pilze:** Steinpilze, Pfifferlinge
- **Hefebrot, Hefezopf**
- **Süßwaren:** Gummibärchen und wegen der Farb- und Zusatzstoffe andere Industrielebensmittel

Es wird auch geraten, auf folgende Lebensmittel, bei welchen Histamin freigesetzt werden kann, zum Beispiel auf Zitrusfrüchte, Erdbeeren, Bananen, Hülsenfrüchte und Schokolade, zu verzichten. Ein weiterer Tipp ist, den Kühlschrank möglichst kalt einzustellen (5 Grad Celsius oder tiefer) und die Kühlkette beim Einkaufen von verderblichen Lebensmitteln wie Fleisch oder Fisch nicht zu unterbrechen. Der Genuss und Verzehr soll immer frisch, unverdorben und nicht aufgewärmt erfolgen.

Bei einer Histamin-Intoleranz werden folgende histaminarme Lebensmittel empfohlen:

- **Fleisch:** frisches unverarbeitetes oder tiefgekühltes Fleisch und Geflügel

- **Fisch:** frische unverarbeitete oder tiefgekühlte Fische wie zum Beispiel Kabeljau, Dorsch, Rotbarsch, Forellen, Seelachs

- **Milchprodukte:** Frischkäse, z.B. Hüttenkäse, Quark und andere Milchprodukte wie Joghurt, Milch, Sahne, Rahm, Butter und Butterkäse, junger Gouda

- **Gemüse:** Kartoffeln, grüner Salat, Kohl, Kürbis, Radieschen, Rettich, Paprika, Karotten, Brokkoli, Gurke, Mais, Spargel, Zucchini, Rettich und frische Kräuter

- **Obst:** Aprikosen, Melone, alle Beeren, Mango, Kirschen, Pfirsiche, Nektarinen, Litschi, Rhabarber

- **Getreide:** Weizen, Dinkel, Gerste, Hirse, Brot- und Backwaren, Getreideflocken, Reis und Nudeln

Durch Anpassung der Ernährungsgewohnheiten sowie einer persönlich abgestimmten informativen und aufklärenden Beratung bei Fachärzt*innen und Ernährungsberater*innen ist ein relativ beschwerdefreies Leben möglich.

Allergien

Als letzten Punkt in dem Kapitel der herzbewussten Ernährung möchte ich auch noch kurz auf das Thema „Allergien" eingehen, um hier ebenfalls den Kreis in Verbindung mit eventuellen Belastungen für unser Herz zu schließen.
Allergien schwächen bekanntlich auch das Immunsystem und die Lunge, aber langfristig können auch das Herz und das Herz-Kreislaufsystem belastet werden.

Der Begriff „Allergie" ist eine überschießende Reaktion des Immunsystems von Menschen oder auch Tieren auf unbekannte Stoffe, welche als Allergene bezeichnet werden und normalerweise auch völlig harmlos und ungefährlich sind. Es kann sich dabei um Pflanzen, Tierprodukte, Nahrungsmittel, Metalle, Chemikalien oder auch Gifte von Wespen und Bienen handeln.

Allergien werden in drei Formen unterteilt:

- Inhalationsallergie (Heuschnupfen, Hausstaub, Schimmelpilz)

- Kontaktallergie (Metalle wie Nickel und Kobalt, Latex, Pflanzen, Klebstoffe, Medikamente, ätherische Öle, Reinigungs- und Lösungsmittel, Duftstoffe usw.)

- Nahrungsmittelallergie (Hühnerei, Erdnuss, Fisch, Krustentiere, Kuhmilch, Schalenfrüchte, Lupinen, Sellerie, Senf, Soja, Schwefeldioxid und Sulfite, Sesam, Gluten usw.)

Wenn das Immunsystem besonders stark reagiert, werden oft auch entzündliche Prozesse im Organismus ausgelöst, die wiederum zu Folgekrankheiten führen können. Die Dauer der Reaktionen reicht von unmittelbar nach der Einwirkung des Allergens, kann aber auch nach einigen Minuten oder Stunden bis hin zu Tagen danach stattfinden.

In seltenen Fällen kann es zu einem anaphylaktischen Schock, einer sogenannten Akutreaktion des Immunsystems, kommen, zum Beispiel nach einem Insektenstich, der sofort und unmittelbar medizinisch behandelt werden muss. Dabei handelt es sich auch um eine Maximalreaktion, die im schlimmsten Fall zum tödlichen Versagen des Kreislaufs führen kann.
Wenn zum Beispiel bei betroffenen Allergiker*innen schon eine Insektenallergie diagnostiziert wurde, wird empfohlen, ein sogenanntes Notfall-Set immer bei sich zu führen.
Die Allergene dürfen daher im Individualfall von allergologisch tätigen Fachärzt*innen (Pneumolog*innen, HNO-, Haut- oder Hausärzt*innen) identifiziert werden, um eine wirkungsvolle Behandlung einleiten zu können. Die Austestung der Allergie kann auf verschiedene Art und Weise wie zum Beispiel durch einen Blut-, Haut- oder Provokationstest erfolgen.
Bei einem Bluttest werden die Proben im Labor auf nachweisbare Immunglobulin-E-Antikörper (IgE Antikörper) untersucht, dies lässt Rückschlüsse auf das Vorliegen einer Allergie beziehungsweise auf bestimmte auslösende Allergene zu. Auf diese Art können Nahrungsmittel-, Schimmelpilz-, Insektengift-, Tierhaare-, Arzneimittel- oder auch Pollenallergien festgestellt werden.

Bei einer anderen Methode werden kleine allergenhaltige Lösungen auf den Unterarm des Betroffenen geträufelt und die Haut an diesen Stellen leicht eingeritzt. Damit kann mit diesem sogenannten Haut- oder Provokationstest nachgewiesen werden, ob nach ungefähr 20 Minuten eine Hautreaktion wie eine Rötung oder Bläschenbildung stattfindet. Es können auf diese Art und Weise auch Pollen-, Hausstaub-, Tierhaar- oder Metallallergien nachgewiesen werden.
Welche Methode eingesetzt werden soll oder ob beide Möglichkeiten angewendet werden, entscheiden die Ärzt*innen, die konsultiert werden.

Abschließend möchte ich euch noch den möglichen Zusammenhang zwischen Allergien und Herz-Kreislauferkrankungen nahelegen und warum ich es als so wichtig erachte, auf den eigenen Körper und mögliche Symptome zu achten, denn es könnte ein wertvoller Hinweis für unsere Gesundheit sein.
Bei einer Allergie werden oft besonders die Atemwege belastet, wird zum Beispiel eine Pollenallergie nicht behandelt, kann daraus eine Bronchitis und nach einiger Zeit eventuell ein Bronchiales Asthma (Asthma und Atemnot) entstehen. Durch die belastete Lunge kann auch das Herz in Mitleidenschaft gezogen werden und eine sogenannte „Herzinsuffizienz" (Herzschwäche) nach sich ziehen. Die Folgen können für die Betroffenen einen Leistungsabfall, Luftnot und schnelle Müdigkeit sowie Wasseransammlung in den Beinen bedeuten.
Neben den Pollenallergien könnten auch alle anderen Arten von Allergien das Herz- und Kreislaufsystem beeinträchtigen. Die Kombination aus der körperlichen Belastung und einem geschwächten Immunsystem führt zu einer Schwächung des Herzmuskels und daraus könnte auch eine Herzmuskelentzün-

dung entstehen. Den Betroffenen wird von medizinischer Seite angeraten, ihre Allergene genau identifizieren zu lassen, um die Substanzen, die eine Allergie auslösen könnten, zu vermeiden. Nach der Feststellung der jeweiligen Allergie wird zur Stärkung unseres Herzens auch leichter Ausdauersport empfohlen, um eine Erweiterung der Bronchien zu erreichen und die Versorgung des gesamten Organismus mit Sauerstoff zu verbessern und damit kann auch unsere Herzfunktion gestärkt werden.

Bei Allergien gegen Baumpollen, Kräuter sowie Gräser und Getreide gibt es sogenannte kreuzreagierende Nahrungsmittelallergene. Dabei handelt es sich zum Beispiel bei Baumpollen um Kern- und Steinobst, Haselnuss, Walnuss, Mandel, Paranuss, Soja, Kiwi, Erdnuss, Sellerie, Karotte und Kartoffel.
Bei Allergien gegen Kräuter, im speziellen Beifuß, reagiert man eventuell auf Sellerie, Karotte, Paprika, Litschi, Weintraube, Mango, Kamille, Pistazie, Sonnenblumenkerne, viele Gewürze wie unter anderem Anis, Pfeffer und Muskat.

Bei Gräser-Allergien ist eine Reaktion auf die Tomate, auf nicht verarbeitetes Mehl, Kleie, Hülsenfrüchte wie Erdnüsse, Bohnen, Linsen und Erbsen möglich.

Mit folgenden ausgewählten herzbewussten Tipps möchte ich euch die Lebensqualität in den warmen Sommermonaten mit einer Allergie erleichtern.

• Wenn ihr euch gern an der frischen Luft bewegt, hört auf euren Körper und stimmt die Bewegungseinheit auf euren Gesundheitszustand ab. Lieber einen Spaziergang als einen belastenden Dauerlauf absolvieren.

• Es wird auch empfohlen, während der Bewegungseinheit im Freien eine Sport- oder Sonnenbrille als Schutz zu tragen.

• Bei der Planung eines intensiveren Trainings wird dieses eher frühmorgens empfohlen, um euer Kreislaufsystem zu schonen. Nach einem Regen ist die Luft auch klarer und sauberer, in diesem Fall wäre die Gelegenheit zu einem Ausdauertraining im Freien gegeben.

• Manche Trainingseinheiten lassen sich auch ganz gut Indoor abhalten, vielleicht auch einmal etwas Neues ausprobieren, online findet ihr sehr viele verschiedene Möglichkeiten für ein Workout!

• Die vom Arzt verordneten Medikamente dürfen bitte immer und genau nach Plan eingenommen werden. Unser Organismus kann sich dadurch stabilisieren und wir erhöhen unsere Lebensqualität.

• Bei Wanderungen ist es von Vorteil Laubwaldgebiete zu bevorzugen, da diese auch als Pollenfilter funktionieren.

• Wenn möglich, den Urlaub in der stärksten Zeit der Belastung konsumieren und Inseln, Küstengebiete oder auch das Gebirge bevorzugen.

• Die Freude an der Bewegungseinheit oder an dem Ausflug soll überwiegen, daher immer alles im Voraus genau planen und die Bedingungen darauf abstimmen.

• Bei Unklarheiten oder Unsicherheit wendet euch bitte immer vertrauensvoll an eure Ärzt*innen oder konsultiert auch Trainer*innen, die über Erfahrungswerte in diesem Bereich verfügen. Man hat mehr Sicherheit und mehr Spaß an der Sache.

• Grundsätzlich wird auch für Nicht-Allergiker*innen angeraten, verderbliche Lebensmittel immer frisch zu genießen, das bedeutet, diese nach dem Einkauf rasch zu verarbeiten und nicht auf Vorrat zu kaufen.

• In der warmen Jahreszeit macht es vielleicht auch Sinn, mit einer Kühltasche einkaufen zu gehen, damit die Kühlkette nicht unterbrochen werden kann.

• Bei der Aufbewahrung von Lebensmitteln auch auf die richtige Lagerung achten. Geschlossene Behälter aus geeignetem Naturmaterial in trockener (oder bei Kartoffeln auch dunkler) Umgebung dafür benützen und Gemüse und Obst eventuell im Kühlschrank unterbringen.

• Falls in eurer Wohnung Belüftungs- und Klimaanlagen eingebaut sind, so bitte diese auch regelmäßig von einer konzessionierten Fachfirma warten und gegebenenfalls reinigen lassen.

• Für Sauberkeit in den eigenen vier Wänden sorgen, moderne Reinigungsgeräte erleichtern den Alltag!

• Am Schluss möchte ich euch noch einen Tipp geben: Sucht euch Gleichgesinnte oder jene, die sich in einer ähnlichen Situation befinden. So entstehen oft neue Freundschaften. Soziale Kontakte haben immer eine positive Wirkung auf unsere Seele und somit auf unsere HERZ-Gesundheit!

Jean-Baptiste Massillon

»Dankbarkeit ist die Erinnerung des Herzens.«

7. Meine herzbewusste mentale Gesundheit

7.1 Einleitung

Als abschließendes Kapitel der drei Säulen einer herzbewussten Lebensweise

- Herzgesunde Bewegung
- Herzgesunde Ernährung
- Mentale Gesundheit für unser Herz

möchte ich den Bereich, der unseren geistigen und seelischen Anteil betrifft, ausführlich behandeln. Die Vision von Petra und mir ist es, dass jede*r von euch mit einer grundlegenden Stress-Resistenz ausgestattet ist und sich mental ausgeglichen fühlt. Eure innere Stabilität ist in Balance und ihr verfügt über eine Stärke, die alle externen Stressoren, von wo auch immer sie auf euch zukommen, auf eine positive Art und Weise abfedern. Damit wird auch unsere physische Herz-Gesundheit positiv beeinflusst. Wie ihr in den Zustand der seelischen und mentalen Ausgeglichenheit kommen könnt und welche Möglichkeiten man dazu benützen kann, werde ich euch in diesem Kapitel näherbringen.

Jede*r kann für sich selbst überlegen, auf welche Art und Weise man am besten „abschalten" oder von einem gewissen Stresslevel „herunterkommen" könnte. Welche Methoden zu euch passen, ergibt sich vielleicht auch durch eine Kombination von zwei oder mehr verschiedenen Entspannungsmöglichkeiten.
Ihr möchtet aus der Stress-Spirale herauskommen und eben „Zeit für euch selbst" zur Verfügung haben?

Viele werden dann sagen: „Ja, aber wie soll ich denn das noch in meinem Terminkalender unterbringen?" Ich verstehe diese Aussage nur zu gut, heutzutage ist der Alltag von fast allen nur mehr mit Terminen und Arbeit verplant. Für Freizeit, Sport und Entspannung bleibt dann eher wenig Zeit übrig, aber selbst kleine Pausen und kurze Einheiten bringen in Summe über die Zeit gesehen schon sehr viel!

Wenn ihr zum Beispiel während der Arbeit am Computer oder Laptop sitzt, verspannt sich nach einiger Zeit schon eure Schulter- und Nackenmuskulatur. Ihr bemerkt dann oft ein Ziehen im oberen Rückenbereich und in den Schultern, spätestens jetzt solltet ihr darauf aufmerksam werden und eine Pause einlegen, den Kopf langsam von einer Seite auf die andere drehen, die Arme heben und euch dehnen und strecken. Ihr schließt kurz die Augen, atmet tief durch die Nase ein und durch den Mund wieder aus, das wiederholt ihr drei bis vier Mal und öffnet dann wieder die Augen.
Diese kurze Übung entspannt sofort eure Muskulatur und ist auch eine Wohltat für eure Augen, die durch die Bildschirmarbeit schon sehr belastet sind. Sie trocknen durch den ständigen Blick nach vorne leichter aus und sind dadurch auch anfälliger für Augenentzündungen und Allergien. Es wird von Fachleuten

empfohlen, benetzende Augentropfen zu verwenden und zwischendurch mit den Augen zu zwinkern, um den Tränenfilm wieder besser zu verteilen sowie den Blick ab und zu in die Ferne zu richten. Nach einer Stunde Arbeit am Computer könnt ihr kurz aufzustehen, um die Position zu ändern, dies kann man ja im Büro ganz leicht damit verbinden, um etwa Unterlagen oder etwas anderes zu holen. Ihr könnt auch im Stehen, bevor ihr euch wieder zum Schreibtisch setzt, gleich ein paar Übungen wie Schulterkreisen, Arme heben und senken, beide Arme anwinkeln und Hände auf die Schultern legen, von einer Seite auf die andere drehen ein paar Mal wiederholen. Danach fühlt ihr euch wieder besser und eure Schultermuskulatur ist auch gelockert!
Durch diese kleinen Pausen und kurzen Sequenzen an Entspannung oder Bewegung helft ihr eurem Körper auf physischer und mentaler Ebene, eine Basis der Ausgeglichenheit zu schaffen.

Wenn ihr täglich mehrere Stunden am Schreibtisch verbringt, ist es auch von Vorteil, zu überprüfen, ob ihr dort ergonomisch die richtige Sitzhaltung einnehmt, die Rückenlehne so eingestellt ist, dass der Rücken vom Becken bis zu den Schulterblättern unterstützt ist und die Unter- und Oberschenkel einen 90-Grad Winkel bilden. Die Unterarme sollten dabei auf dem Schreibtisch liegen.
Bitte erinnert euch an diese Tipps oder kleinen Hinweise immer wieder und integriert sie in euren Tagesablauf! Im Alltag bemerkt man oft, dass viele Faktoren und Komponenten mit dem körperlichen und geistigen Wohlbefinden zusammenhängen. Wenn ihr sie beherzigt, kann eine Verbesserung eurer Lebensqualität das Ergebnis davon sein.

Eine stabile psychische und seelische Gesundheit, die im Einklang mit eurer körperlichen und seelischen Balance ist, kann die Basis für eure Herzgesundheit sein.

7.2 Stresstypologie

In der Geschichte beschäftigten sich schon seit über einhundert Jahren einige Stressforscher*innen mit der Definition des Begriffes „Stress", welcher sich ursprünglich von der englischen Bezeichnung „stress" ableitete und Druck, Beanspruchung und Belastung, nur im Sinne einer Materialprüfung von Metall oder Glas, bedeutete. Der Ausdruck wurde früher also nur für unbelebtes Material verwendet.

Erst etwas später wurde diesem Begriff „Stress" von der Wissenschaft die Bedeutung einer belastenden Situation auf unseren Organismus sowie die Reaktion unseres Körpers auf diesen sogenannten Stressfaktor zugeordnet. Nach Eintreffen dieser belastenden Stress-Situation intensivieren sich die Körperfunktionen durch eine verstärkte Herz- und Lungentätigkeit, einen erhöhten Blutglukosespiegel sowie werden durch die Freisetzung freier Fettsäuren der Sauerstoff- und Energiestoffwechsel gesteigert und dadurch die Reaktionsfähigkeit stark angehoben. Diese Antwort auf die Belastung wird noch heute mit „Fight or Flight Syndrome" (Kampf- oder Fluchtmodus) bezeichnet. Dieser Vorgang war in urgeschichtlichen Zeiten für den Menschen sicher noch überlebensnotwendig, um vor dem sogenannten „Säbelzahntiger" fliehen zu können, aber heutzutage zeigt unser Organismus noch immer die gleiche „Kampfbereitschaft" mit der ganzen Palette an Stresshormonen, obwohl wir jetzt nicht mehr unser Überleben verteidigen müssen.

Ich möchte daher den Begriff „Stress", der ja auch ursprünglich keine negative Bedeutung hatte, eine andere Bezeichnung geben. Die Sichtweise und Einstellung zu den auf uns tagtäglich einströmenden „Einfluss-Faktoren" kann geändert und auf eine für die heutige Zeit aktualisierte Form gebracht werden, den Stress-Faktoren soll ein sogenanntes Up-Date verpasst werden, so wie dies ja auch immer bei unseren digitalen Geräten stattfindet.
Auf diese Art und Weise kann mehr Wohlbefinden und Gesundheit in unser Leben gebracht werden und dabei kann man sich auch anfreunden, gelassener mit den anstrengenden, sogenannten „Stressoren" umzugehen.

Dazu möchte ich eine kleine Unterteilung in die „Stresstypen" vornehmen, damit man sich in dieser Aufstellung vielleicht auch selbst wiederfinden oder erkennen kann. Durch diese Zuordnung fällt es euch leichter, ein persönliches „positives Stress-Management"-Programm zusammenzustellen. Diese Vorgangsweise soll dazu dienen, um die Sichtweise von „Stress" von einem negativen Bereich in einen positiven Bereich zu bringen, was auch wieder einen Pluspunkt für unsere „Herzgesundheit" bedeutet!

Dazu eine Aufstellung der Stresstypen wie folgt:

• Die Verfechterin oder der Verfechter

Diese Menschen sind in ihrem Beruf extrem aktiv und arbeiten sehr oft im Management oder sind selbstständig tätig. Wie der Name schon sagt, steckt das Zeitwort „fechten" in der Bezeichnung dieses weiblichen oder männlichen Stresstyps, der sich oft im Kampf für eine Sache befindet und daher immer auf Grund seiner Überaktivität unter „Strom“ steht. Das Delegieren fällt diesen Menschen meist sehr schwer und sie stehen ständig unter Druck, was einen besonders hohen Risikofaktor für Herz-, Kreislauferkrankungen mit sich bringt.

• Die oder der selbstlose Hilfsbereite

Dazu gehören jene Menschen, die immer für andere ein offenes Ohr haben und auch oft selbstlos Aufgaben für andere übernehmen. Sie verfügen über eine sehr hohe soziale Kompetenz und es bereitet ihnen Stress, einmal „Nein“ zu sagen. Der Frust staut sich dann oft an, sie gehen Konflikten aber eher aus dem Weg und stehen dadurch auch unter Druck.

• Die Perfektionistin oder der Perfektionist

Diese Leute wollen immer alles hundertprozentig erledigen, folgen gewissen Normen und Regeln und kontrollieren oft ihre Mitmenschen, ob sich diese ebenfalls so verhalten. Oft steckt die Sehnsucht nach Anerkennung und Wertschätzung dahinter. Dieser Stresstyp unterliegt ständig der Belastung, alle Aufgaben auch wirklich korrekt erledigt zu haben und verträgt es gar nicht, wenn der Zeitrahmen eines Projektes nicht eingehalten wird. Diese anhaltende Anspannung kann ebenfalls zu gesundheitlichen Dysbalancen in unserem Organismus führen.

• Die oder der Vertrauensvolle

Dieser Stresstyp verkörpert eigentlich jene Variante, die sich in einem positiven Stress-Management befindet und sehr gut mit den verschiedenen Einfluss-Faktoren, die auf ihn oder sie einströmen, umgehen kann. Sie oder er behält auch in angespannten Situationen die Ruhe und Gelassenheit und versucht Konflikte konstruktiv zu lösen. Beide bemerken aber auch rechtzeitig, wann der Zeitpunkt gekommen ist, eine Pause oder auch einen Urlaub zu machen. Sie hören auf ihren Körper und ihre Seele, nehmen Signale oder Zeichen rechtzeitig wahr und reagieren auf eine Weise, wie sie es in der Situation für sich für gut befinden.

Dieses Kapitel liegt mir wirklich speziell am Herzen. Man wird im alltäglichen Leben von so vielen Dingen gleichzeitig herausgefordert und so vieles soll noch erledigt werden. Genau dann soll es für euch alle möglich sein, die Ruhe und Gelassenheit in eurer Mitte beziehungsweise natürlich in eurem Herzen zu spüren, darauf zu vertrauen, dass sich der richtige Weg für euch öffnen wird. Wie ihr für euch herausfinden könnt, auf welche Art und Weise ihr eine kontinuierliche innere Ausgeglichenheit erreicht, werde ich euch noch in den folgenden Unterkapiteln vorstellen.

7.3 Die Arten von Stress

Die Wissenschaft beschäftigt sich seit über einem Jahrhundert mit dem Faktor „Stress“. Grundsätzlich unterscheidet sie zwischen positivem Stress, dem sogenannten „Eustress“, der in der richtigen Dosis sogar vorteilhaft für unsere Gesundheit sein kann, und negativem Stress, dem „Distress“, der eher nachteilige Auswirkungen auf den Organismus hat.

Wieviel Stress vertragt ihr nun und wie wirken sich die beiden Stresstypen auf euren Körper aus?

Der als gute oder euphorisch bezeichnete Stress wirkt sich in der Art positiv aus, dass ihr nach dem Bewältigen einer Herausforderung ein Gefühl der Zufriedenheit und der Selbstbestätigung verspürt. Dieses führt wiederum zu mehr Selbstbewusstsein und einem höheren Selbstwertgefühl. Die Auswirkungen können eine allgemein höhere persönliche Leistungsfähigkeit und innere Ausgeglichenheit sein. Die Voraussetzung dafür ist aber, dass sich auch die anderen auf euch einströmenden Einflussfaktoren im privaten Bereich, in der Arbeit sowie in unserem Finanzstatus die Waage halten.

Distress und seine Auswirkungen

Bei „Distress“ handelt es sich um Stressauslöser, die als negativ empfunden werden. Die verschiedenen Ängste und Stressfaktoren sollen erkannt und durch verschiedene Methoden reduziert oder, wenn möglich, bewältigt oder transformiert werden.

Die Stressoren werden in innere und äußere Reize unterteilt, wodurch euer Körper veranlasst wird, Stresshormone auszuschütten, da eine herannahende Bedrohung signalisiert wird.

Ein sogenannter innerer Stressor entsteht in euch und bedeutet, dass die Person selbst für diesen verantwortlich ist. Das heißt, ihr macht euch wegen gewissen Umständen selbst Stress, welchen ihr eventuell bei genauer Einteilung und Planung vermeiden hättet können.
Ein äußerer Stressor ist wiederum ein aus der Umwelt stammender stressauslösender Faktor. Ihr unterscheidet zwischen unveränderbaren äußeren Stressoren wie Krieg, Pandemie, Politik etc. und stressfördernden Einflüssen oder Situationen, die sich durch unseren Alltag wie zum Beispiel Lärm, Klima, Verkehrsstau, Wartezeiten, Kritik usw. ergeben.

Physiologische Reaktionen auf Stress

Beim Eintreffen des Stressors auf euren Organismus ist die Reaktion, dass vor allem Stresshormone namens Katecholamine wie Adrenalin, Noradrenalin und Dopamin ausgeschüttet werden und der Körper auf einen Flucht- oder Kampfmodus eingestellt wird. Andererseits wird die Sekretion von Glukokortikoiden wie Cortisol angeregt, was euren Organismus weiter in Alarmbereitschaft versetzt und den Stresshormon-Spiegel im Blut ansteigen lässt. Der Herzschlag wird beschleunigt und der Blutdruck steigt, die Muskulatur wird stärker durchblutet und Stoffwechselprozesse (Abbau von Energiereserven) werden angekurbelt.

In diesem Fall tritt auch die Wirkung des Sympathikus ein, der dem vegetativen oder autonomen Nervensystem zuzuordnen ist. Der Körper wird, wie zum Beispiel vor einem Wettkampf, in Leistungsbereitschaft versetzt.
Hingegen ist der Parasympathikus jener Anteil des Nervensystems, welcher auf den Organismus eher erholungsfördernd wirkt, wodurch der Blutdruck und die Herzfrequenz wieder sinken können. Sowohl das sympathische als auch das parasympathische Nervensystem werden als unwillkürlich bezeichnet, dies bedeutet, beide Systeme sind nicht unserem Willen unterworfen, sondern regulieren ohne unser Zutun den Herzschlag, die Atmung und unseren Stoffwechsel.

Langfristige Auswirkungen von chronischem Stress

Wenn es aufgrund ständiger Belastung, wie es bei Verfechter*innen und Perfektionist*innen und anderen ständigen Stressquellen der Fall ist, dazu kommt, dass Stresshormone wie Cortisol im Blutserum verbleiben, können sich dauerhaft nachteilige Auswirkungen auf unser Herz- und Kreislaufsystem sowie auf andere Organe ergeben. Bei den vorher angeführten Stresstypen sowie auch bei den selbstlos agierenden Mitmenschen ist Handlungsbedarf angezeigt. Nur jene Gruppe, die meistens in sich ruhen und vertrauensvoll und gelassen reagieren, ist von den gesundheitsgefährdenden Einflüssen weniger bis gar nicht betroffen. Diese Menschen sind heutzutage aber eher selten anzutreffen.

Wie könnt ihr aber nun dauerhaft den Status der inneren Ausgeglichenheit erreichen? Dieser Zustand wird auch als eine Form der „Homöostase“ definiert und der Begriff beschreibt einen Gleichgewichtszustand eines dynamischen Systems, welches sich durch einen Prozess intern reguliert. In der Biologie, Physik, Chemie und in der Medizin kennt ihr schon viele dieser Abläufe wie zum Beispiel die Homöostase unseres Gehirns, die durch die Blut-Hirn-Schranke aufrechterhalten wird. Weitere Beispiele für Homöostasen in unserem Organismus sind der Säure-Basen-Haushalt, die Blutdruckregulation, der Calcium- und Phosphathaushalt, die hormonelle Regulation, die Regulation unseres Energiehaushaltes und der Schlaf- und Wachrhythmus. Diese Liste könnte man noch länger fortsetzen, dann kommt man aber zu sehr in den medizinischen Bereich.
Viele Abläufe in eurem Körper funktionieren in einem System, welches einen Gleichgewichtszustand anstrebt. Genau hier möchte ich gerne ansetzen, um euer persönliches Stressniveau positiv zu beeinflussen. Eure körperliche und seelische Ausgeglichenheit wird stabil in Balance gehalten, gleichgültig welche Einflussfaktoren darauf zukommen.

Der folgende positive Glaubenssatz
„Ich bleibe in Balance, das Leben ist für mich!“
wird als Basis in euren Gedanken manifestiert.

7.4 Wie achte ich auf meine mentale Gesundheit?

In der Frage steckt schon ein Teil der Antwort, ihr sollt auf euch achten und für euch selbst sorgen!
Die meisten Menschen denken zuerst immer an die anderen und kümmern sich in erster Linie um ihre Kinder und um ihre Familie, was auch verständlich ist. Es ist sicher wichtig, sich um eure Mitmenschen zu sorgen, aber auf euch selbst zu achten, dass es euch selbst in körperlicher und vor allem auch in seelischer Hinsicht gut geht, ist von gleicher Bedeutung.
Wie könnt ihr die täglichen Herausforderungen in Einklang mit eurer Selbstfürsorge und Selbstliebe bringen? Ich werde einige Bereiche ansprechen, die ihr dann in euren täglichen Tagesablauf integrieren und mit eurem Zeitplan abstimmen könnt.

• Meine körperlichen und seelischen Bedürfnisse erkennen
In einem ruhigen Moment oder während einer Pause, wo ihr ungestört seid und Zeit dafür habt, überlegt ihr, ob es euch körperlich und seelisch gut geht. Ihr schließt die Augen und hört in euch hinein, seid ihr zufrieden? Fehlt euch eventuell Zeit für euch selbst und für Dinge, die ihr in eurer Freizeit gerne machen würdet? Seid ihr eventuell durch Beruf und Familie überlastet?
Seid ihr mit eurer Wohnsituation zufrieden oder würdet ihr gerne den Wohnort wechseln? Die Liste der Fragen könnte

man noch sehr lange fortsetzen, es soll eine Anregung für euch und für eure Gedanken sein, was gut und was nicht so gut für euch ist, dann erreichen euch die Antworten von allein.
Die folgenden Punkte geht ihr ganz in Ruhe durch und macht euch vielleicht auch einige Notizen dazu. Ihr werdet relativ rasch erkennen, in welchem Bereich Handlungsbedarf für euch gegeben ist. Was ihr dann für euch tun könnt, welche Überlegungen ihr dazu anstellen könnt, das erseht ihr im folgenden Abschnitt.

• Gespräche mit vertrauensvollen Familienmitgliedern oder Freund*innen suchen und soziale Kontakte pflegen

Nachdem ihr jenen Lebensbereich festgestellt habt, in welchem ihr euch nicht wohlfühlt oder der einer Änderung bedarf, ist es ratsam, sich im Vertrauen an Freund*innen oder Familienmitglieder zu wenden. Ihr könnt dann im Gespräch gemeinsam beraten, wie eine Verbesserung oder Änderung der Situation stattfinden könnte.
Wenn keine Person für euch zur Verfügung steht, kann man sich auch vertrauensvoll an einen in diesem Bereich qualifizierten Coach oder auch an Lebensberater*innen wenden. Außenstehende Menschen sehen die Situation oft von einer anderen Perspektive als man selbst und es kann schon eine Sitzung helfen, dann weiß man wieder, in welche Richtung es gehen oder welcher Weg eingeschlagen werden soll.
In jedem Fall ist es wichtig, sich im Zweifelsfall Hilfe zu holen. Man kann sich auch umhören und erkundigen, ob im Freundes- oder Familienkreis jemand gute Berater*innen oder Coaches kennt und vielleicht selbst schon gute Erfahrungen damit gemacht hat.

Langjährige Freundschaften oder auch Freund*innen, die erst vor Kurzem in euer Leben getreten sind, sollt ihr pflegen! Schon durch den Kontakt und die zwischenmenschlichen Gespräche mit persönlich vertrauten Menschen ergibt sich oft schon ein Lösungsansatz, welcher eine belastende Situation sofort entschärft und sich neue Perspektiven ergeben können.

• Pausen und Freiraum sowie Me-Time einplanen

Beim Tagesablauf oder schon beim Einteilen eurer Termine und Aktivitäten achtet ihr ab jetzt darauf, auch während der Arbeit immer wieder kurze Pausen einzuplanen. In eurer Freizeit oder der Zeit, die ihr zu Hause verbringt, reserviert pro Tag ein paar Minuten, in welchen ihr zur Ruhe kommt, tief durchatmet und nur für euch selbst da sein könnt! Wenn sich manchmal nicht mehr Zeitvolumen ausgeht, ist das in Ordnung, aber pro Woche sollen fixe Zeitfenster für euch selbst geschaffen werden, die im Voraus geplant ein fester Bestandteil eures Terminkalenders sein sollen.

So könnt ihr eure sportlichen Betätigungen sowie die verschiedenen Entspannungsmöglichkeiten oder auch Treffen mit Freund*innen oder Partner*innen einplanen.

• Das Schöne und Positive an unserem Leben schätzen

Wenn ihr euch manchmal in belastenden Situationen befindet, verfangt ihr euch richtig darin und seht gar nicht mehr die vielen positiven und schönen Dinge, die ja bereits in eurem Leben vorhanden sind. Konzentriert euch auf die Positivität und die Schönheit, die ihr bereits zur Verfügung habt. Das Gefühl der Dankbarkeit bringt so viel Wärme und positive Gefühle in euer Herz, das sollten wir uns täglich gönnen!

• Ihr achtet auf euren Körper, denn er ist das Zuhause eurer Seele!

Euer Wohlbefinden und auch eure mentale Gesundheit hängen zu einem Großteil von dem Zustand eures Körpers ab. Ihr sorgt daher für eine gesunde und vielfältige Ernährung und bewegt euch ausreichend.

Dazu findet ihr Informationen in den Kapiteln „herzbewusste Ernährung" und „herzgesunde Bewegung".

• Herzbewusste Entspannung für euren Körper, Geist und Seele

Bei der Erstellung eures monatlichen Zeitplanes, der die verschiedenen beruflichen Termine und Aktivitäten enthält, können zukünftig auch die Tätigkeiten, die eurer physischen aber auch eurer seelischen Entspannung dienen, einen festen Platz einnehmen.

Ihr sorgt auch für eure Psychohygiene, damit ist gemeint, dass ihr die Dinge, von denen ihr euch trennen sollt oder die ihr loslassen möchtet, in Liebe von euch gehen lässt. Ihr stärkt eure Psyche und euren Geist mit positiven und für unsere Seele förderlichen Dingen, die euch dabei unterstützen, den Zustand der mentalen und seelischen Ausgeglichenheit zu erreichen. Ihr bekommt dadurch eine bessere und stabilere persönliche Widerstandsfähigkeit und besitzt die innere Stärke, mit belastenden Situationen leichter umgehen zu können. Durch diese Möglichkeit könnt ihr auf die euch vermittelten Ressourcen zurückgreifen und diese für eure persönliche Weiterentwicklung nützen.

Im Anschluss erfährt ihr über die verschiedenen Möglichkeiten, um euren Körper und euren Geist zu entspannen.
Man unterscheidet zwischen den aktiven und passiven Entspannungsverfahren, die ich euch im folgenden Abschnitt vorstellen möchte. Wählt unter diesen Varianten jene aus, die für euch passend ist, so erzielt ihr die besten Effekte, um eure „mentale Gesundheit“ optimal zu unterstützen.

7.5 Verschiedene Entspannungsverfahren

7.5.1 Aktive Entspannung

Bei den aktiven Entspannungsmöglichkeiten werdet ihr selbst aktiv und tragt dazu bei, eurem Körper und somit auch eurem Herzen etwas Gutes zu tun.
Die aktiven Entspannungsmomente gönnt man sich regelmäßig! Ihr könnt diese auch zu einem fixen Bestandteil bei eurer Terminplanung werden lassen. Die Art und Weise, wie aktiv ihr abschalten möchtet, könnt ihr so gestalten, dass freudig an die Sache herangegangen wird! Es fällt euch dann auch leichter, die Zeit dafür zu finden.
Je nach Geschmack entscheidet man sich für eine Runde Laufen oder einen längeren, aktiven Spaziergang, für ein Tennisspiel mit netten Partner*innen oder eine andere körperliche Aktivität, die euch Spaß und Freude macht.

Bei der aktiven Variante der Entspannung könnt ihr den sportlichen Faktor in Bezug auf Intensität und Umfang so gestalten, wie es eurer Tagesverfassung und eurem Gesundheits- und Trainingszustand entspricht.

Die Aktivität ist ein positiver Ausgleich zu eurem Alltagsleben.

In dem Kapitel „herzgesunde Bewegung“ habe ich euch über die verschiedenen Trainingsmöglichkeiten schon berichtet. In diesem Abschnitt möchte ich jedoch die „sanfteren“ aktiven Varianten vermitteln. Ihr wählt die Methode, die Intensität und den Umfang der Aktivität, welche nach Beendigung der Bewegungseinheit zur Entspannung und Gesunderhaltung eures Körpers und auch eurer Seele beitragen.

a) Wirkung von Musik auf den Organismus

Die Wirkung der Musik auf unseren Organismus hängt davon ab, ob es sich um entspannende Musik mit beruhigendem Effekt oder um aktivierende, lautere Musik handelt. Musik beeinflusst körperliche Prozesse wie Herzschlag, Blutdruck, Atemfrequenz und Muskelspannung. Musik kann daher ausgleichend oder aktivierend wirken.

• Wirkung von beruhigender, sanfter Musik

Ruhige oder meditative Musik kann die Wirkung bei Entspannungs- oder Atemübungen sowie in der Meditation positiv unterstützen. Die Melodien wirken somit auf das vegetative oder autonome Nervensystem ausgleichend. Das Vegetativum regelt die Abläufe in unserem Körper wie Puls, Atmung, Herzschlag und Stoffwechsel, die nicht von unserem Willen gesteuert werden können. Das vegetative Nervensystem empfängt seine Botschaft vom Gehirn, genauer gesagt von der Hypophyse oder Hirnanhangdrüse. Dort wird ein Hormon namens ACTH (adrenocorticotropes Hormon, Kortikotropin) gebildet, welches die Ausschüttung von Cortisol, einem Stresshormon, aus der Nebennierenrinde in unserem Organismus auslöst. Wenn unser Körper ständig mehreren Stressfaktoren bzw. chronischem Stress ausgesetzt ist und kaum zur Ruhe kommt und der Cortisolspiegel dadurch dauerhaft erhöht ist, kann sich dies zum Beispiel auf den Muskelaufbau, den Fettabbau, die Konzentrationsfähigkeit und auf den Schlaf ungünstig auswirken. Im umgekehrten Fall ist ein Mangel an Cortisol im Körper ebenfalls von gesundheitlichem Nachteil, da dieses Hormon, welches zu den Glucokortikoiden zählt, für die Bereitstellung von Energie verantwortlich ist und damit verschiedene Stoffwechselvorgänge in Gang setzt. Wenn wir versuchen, die täglichen mit Stress verbundenen Herausforderungen im Alltag durch sportliche Bewegung und andere entspannende Aktivitäten auszugleichen, hält sich der Cortisolspiegel in Balance, entspannende Klänge und Musik haben auch einen zusätzlich positiven Effekt auf unseren Organismus.

Folgende Reaktionen sind in unserem Körper in der Entspannungsphase zu beobachten:

- Herz- und Atemfrequenz sinken
- Brustatmung ändert sich zur Bauchatmung
- Der Blutdruck ist niedriger
- Die Pupillen sind verengt
- Der Puls ist verlangsamt
- Die Ausschüttung der Hormone Adrenalin und Noradrenalin wird verringert
- Die Konzentration von ACTH sinkt
- Der Tonus der Skelettmuskulatur wird gesenkt
- Die Darmperistaltik wird beschleunigt
- Der Stoffwechsel wird verlangsamt

Zusammenfassend ist zu bemerken, dass sich in der Entspannungsreaktion durch die Wirkung beruhigender Musik der Organismus auf Regeneration umstellt, energetische Blockaden abgebaut werden können und der Körper auf psychischer und physischer Ebene in Balance kommt.

• Wirkung von aktivierender Musik

Durch den Genuss von lauter, flotter und stark rhythmischer Musik wie zum Beispiel Pop- oder Rockmusik wird dann eher das sympathische Nervensystem angesprochen. Dieses ist ebenfalls ein Teil des vegetativen Nervensystems und wird auch von der Hypophyse im Gehirn gesteuert.
Der Organismus wird auf psychischer und physischer Ebene aktiviert und durch die Ausschüttung von Hormonen wie folgt in einen Leistungszustand versetzt:

- Herz- und Atemfrequenz werden beschleunigt
- Der Blutdruck steigt
- Der Puls wird beschleunigt
- Die Pupillen sind weit
- Die Ausschüttung der Hormone Adrenalin und Noradrenalin wird gefördert
- Die Konzentration von ACTH steigt
- Der Tonus der Skelettmuskulatur wird erhöht
- Der Verdauungsvorgang ruht
- Der Stoffwechsel wird beschleunigt

Die Musik liegt uns beiden Schwestern am Herzen, sie ist auch immer ein Teil unseres Lebens gewesen. In der Kindheit haben wir die Instrumente Klavier und Flöte erlernt und zu Hause auch öfters Hausmusik gemacht. Ich habe daher die Wirkung

der Musik auch dem Kapitel der mentalen herzbewussten Entspannung hinzugefügt. Der aktivierende Teil der Musik kann auch gerne zum Tanzen animieren, denn Bewegung aktiviert unser Herz- und Kreislaufsystem und ist herzgesund, weil unser Körper und unsere Seele davon profitieren können.
Wenn du die Freude am Tanz entdeckst, dann suche dir Gleichgesinnte oder melde dich zu einem Tanzkurs an, die soziale Komponente spielt in diesem Zusammenhang auch eine weitere positive Rolle.

b) Progressive Muskelrelaxation nach Jacobsen

Diese Entspannungsmethode wurde von Edmund Jacobson, einem amerikanischen Arzt und Wissenschaftler, entwickelt und erstmals 1929 beschrieben. Er beschäftigte sich intensiv mit den Muskelfunktionen und den damit zusammenhängenden körperlichen und psychischen Vorgängen. Diese Entspannungstechnik hilft dir, in Stress-Situationen „gelassener“ zu reagieren und deinen Körper nicht sofort in den sogenannten „Kampf-oder-Flucht-Modus“ zu versetzen.
Die Wirksamkeit der Methode wurde schon in diversen Studien nachgewiesen und wird auch heutzutage unterstützend bei den verschiedenen Therapien erfolgreich eingesetzt, das betrifft beispielsweise die Behandlung bei Depressionen, Schlafstörungen, Migräne, Rückenschmerzen, Bluthochdruck und so weiter. Wir können auch die Gesundheit unseres Herzens damit positiv beeinflussen.

Jacobsen stellte fest, dass Spannungen in der Muskulatur oft im Zusammenhang mit innerer Unruhe, Stress und Angst auftreten und umgekehrt sich in der Entspannung lockern und wir innerlich wieder ruhig und ausgeglichen sind. Auf Grund dieser Erkenntnisse basiert die Muskelentspannungstechnik. Dabei werden bestimmte Muskelgruppen zuerst intensiv für etwa zehn Sekunden angespannt und nach einer gewissen Zeitspanne wieder entspannt. Es wird genau auf das Spannungsgefühl in der Muskulatur hingewiesen, die Aufmerksamkeit auf die Muskelgruppe, die angespannt werden soll, gelenkt. Schließlich wird die Spannung in der Muskulatur auf das Kommando „Jetzt entspannen!" wieder gelöst. Die Entspannungsphase dauert ungefähr dreißig Sekunden.

Ihr achtet auf das Gefühl in dem vorher angespannten Bereich der jeweiligen Muskelgruppe und verspürt durch das Weichen der Spannung eine bessere Durchblutung und ein angenehmes Gefühl der Wärme und Entspannung in der betroffenen Region in eurem Körper.

Anschließend wird noch auf eure Atembewegung und den Atemfluss hingewiesen: „Lasst den Atem durch die Nase in den Brustbereich bis tief in den Bauchraum strömen, spürt wie sich die Bauchdecke hebt und beim Ausströmen des Atems wieder senkt und jegliche Restspannung aus eurem Körper hinausfließt. Ihr nehmt in den verschiedenen Muskelgruppen ein angenehmes Gefühl der Entspannung wahr." Man beendet schließlich die Übung durch langsames Zurückzählen von 4–3–2–1–0, öffnet wieder die Augen, dehnt und streckt sich, atmet tief durch die Nase ein und durch den Mund aus. Nach der Übung fühlt man sich angenehm frisch und entspannt.
Wenn ihr von den positiven Wirkungen der Progressiven Muskelentspannung profitieren möchtet, wird empfohlen, zu Beginn einmal täglich zu üben.

Ich möchte euch nun eine verkürzte Variante der Progressiven Muskelrelaxation vorstellen, die von einem amerikanischen Psychologen in den achtziger Jahren entwickelt wurde.

Bei der Übung werden 16 Körperbereiche wie folgt angesprochen, die Unterscheidung von dominant und nicht-dominant ist in dem Zusammenhang gegeben, dass es darauf ankommt, ob jemand Rechts- oder Linkshänder*in ist.

- Dominante Hand und Unterarm
- Dominanter Oberarm
- Nicht-dominante Hand und Unterarm
- Nicht-dominanter Oberarm
- Stirn
- Obere Wangenpartie und Nase
- Untere Wangenpartie und Kiefer
- Nacken und Hals
- Brust, Schultern und Rücken
- Bauchmuskulatur
- Dominanter Oberschenkel
- Dominanter Unterschenkel
- Dominanter Fuß
- Nicht-dominanter Oberschenkel
- Nicht-dominanter Unterschenkel
- Nicht-dominanter Fuß

Diese Variante der Progressiven Muskelrelaxation nimmt ungefähr 30 Minuten in Anspruch. Die betroffenen Muskelgruppen werden dabei nach der Reihe jeweils stark angespannt, die Hände zu Fäusten geballt, die Zehen der Füße gekrümmt, die Ober- und Unterarme sowie Ober- und Unterschenkel in die

Unterlage gedrückt, die Stirn gekraust, die Nase gerümpft, die Lippen zusammengepresst, die Schultern hochgezogen und der Nacken und der Hals in die Matte gepresst und die Bauchmuskulatur aktiviert.
Wenn euch diese Methode der Entspannung gefällt, ihr diese öfters wiederholen möchtet, habe ich auch noch eine kürzere Alternative gefunden, die man ganz praktisch in den Alltag bei einer Pause integrieren kann. Folgende Muskelgruppen werden angesprochen:

- Hände und Arme
- Gesicht
- Hals, Nacken und Schultern
- Bauch und Rücken
- Po, Beine und Füße

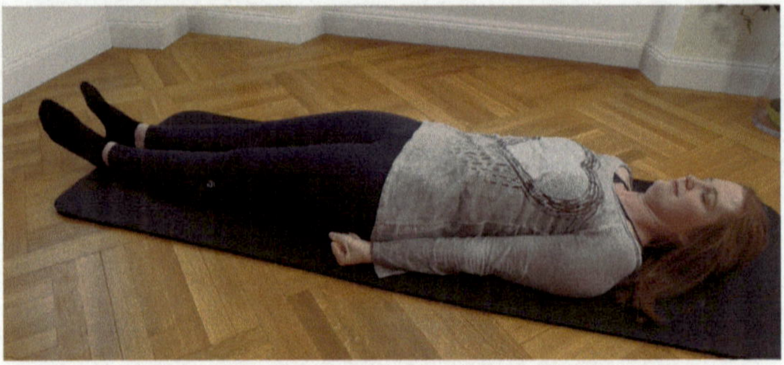

Ihr könnt ja ausprobieren, welche Technik euch am besten zusagt. Man findet in der Fachliteratur und natürlich auch im Internet wirklich einige gute Anleitungen. Einfach anhören und loslegen, es ist eine sehr anerkannte Methode, die schon seit fast hundert Jahren erfolgreich eingesetzt wird. Ein weiterer Vorteil ist, dass durch die Anwendung dieser Entspannungsmethode nach Jacobsen auch als Nebeneffekt die Wahrnehmung im Bereich der Skelettmuskulatur geschult und verbessert wird. Man lernt auf Spannungsunterschiede in der Muskulatur zu achten, um Verspannungen rechtzeitig zu erkennen und gezielt mit Entspannung darauf zu reagieren.

c) Autogenes Training

Eine weitere sehr erfolgreich angewandte Methode der Entspannung ist das autogene Training. Hier wird mit einer Technik gearbeitet, die mit der Hypnose verwandt ist und das vegetative Nervensystem beeinflusst. Diese Methode („Methode der konzentrativen Selbstentspannung") wurde von dem Berliner Psychiater Johannes Heinrich Schultz entwickelt.
Die zu entspannende Person erhält zu Beginn der Übung **suggestive** Entspannungsformeln wie zum Beispiel: „Du spürst ein angenehmes Gefühl der Ruhe durch deinen Körper strömen, welches bei jedem Ausatmen zunimmt. Du fühlst dich entspannt und gelöst." Diese **Entspannungsformeln** zum Lösen und Einstimmen werden drei bis sechs Mal wiederholt. Dann folgt **die Schwereübung,** indem man zuerst auf den dominanten (bei Rechtshänder*innen rechts, bei Linkshänder*innen links) Arm wie folgt hinweist: „Der rechte Arm ist ganz entspannt und wird schwerer und schwerer. Ein angenehmes Gefühl der Schwere durchströmt den rechten Arm." In Folge wird der linke Arm, werden beide Arme, das rechte und linke Bein, beide Beine, Gesäß, Becken, Bauch, Schulter, Nacken, Hals, Kopf, Rücken, Brust behandelt. Man kann auch noch auf die einzelnen Bereiche der Gliedmaßen hinweisen (Hand, Unterarm, Oberarm, Fuß, Unterschenkel, Oberschenkel).
Danach folgt **die Wärmeübung,** wobei man die Formel wie folgt anwendet: „Der rechte Arm ist angenehm warm, ein an-

genehmes Gefühl der Wärme durchströmt den rechten Arm." In weiterer Folge werden, wie oben angeführt, die anderen Körperbereiche behandelt.
Anschließend wird bei **der Atemübung** auf den Atemrhythmus wie folgt hingewiesen: „Der Atem strömt gleichmäßig und ruhig, meine Atmung fließt von selbst und regelmäßig, rhythmisch, natürlich und gesund."
Es folgt die **Sonnengeflechts-Übung,** dabei wird auf das strömend warme Gefühl im Sonnengeflecht (Solarplexus – Energiezentrum) hingewiesen.
Abschließend kann die **Stirnkühlübung** (Distanzierung gegenüber Problemen des Alltags) durch folgende Formel angewandt werden:
„Meine Stirn ist angenehm kühl und frisch, mein Atem fließt ruhig und regelmäßig."
Diese Entspannungsmethode mit dem Fokus auf Schwere, Wärme und vor allem auch Atmung können wir selbst für unseren persönlichen Ausgleich anwenden. Man findet dazu sehr gute Fachliteratur, aber auch im Internet sehr einfache und gute Anweisungen, um von einer positiven und entspannenden Wirkung für unsere mentale Gesundheit profitieren zu können.

d) Atemtechniken und Atemübungen

Im alten Ägypten war schon die „Heilwirkung des Atems" bekannt und die Menschen nutzten auch damals die Wirkung des Atems und entwickelten verschiedene Atemtechniken, die der Gesundung unseres Körpers dienen sollten.
Der Atem war schon für frühere Völker die Verbindung von dem Inneren in das Äußere, von dem menschlichen Bewusstsein und eurem Unterbewusstsein. Bei Beginn einer Meditation

begleitet euch auch das bewusste Ein- und Ausatmen in eine Entspannungssituation, die euch von der äußeren Welt in eure innere Welt führen darf.

Auch die verschiedenen asiatischen Meditationspraktiken wie Qigong, Tai-Chi oder Yoga arbeiten mit dem fließenden Atem, der mit den Bewegungen des Übenden abgestimmt einhergehen soll.

Geschulte Atemtherapeut*innen bringen in ihrer Praxis den ihnen anvertrauten Patient*innen die sogenannte „bewusste Atmung" bei. Diese Praktiken sollen die Körperwahrnehmung verbessern und als begleitende Therapie zur Schulmedizin den Organismus zusätzlich unterstützen. Die Heilung der Patient*innen wird dadurch gefördert, bei jeder Atemübung fließt der Atem ruhiger und tiefer. Unser Gehirn erreicht dann die Botschaft, den Körper auf den Modus „Entspannung" zu setzen. Die Körperfunktionen passen sich an und der Blutdruck geht nach unten. Wir können unseren inneren Takt über einen bewussten Atem regulieren. Diesen Effekt erzielen wir durch immer wieder regelmäßig durchgeführte Atemübungen.
Ich werde euch nun einige Beispiele geben, welche ich auch selbst immer wieder gerne in meinen Tagesablauf in Form von kleinen „Pro-Atem-Pausen" integriere.

• <u>Ruhe-Atmung</u>
Atmet durch die Nase ein und dann ganz langsam durch die Nase oder den Mund wieder aus. Beim Ausatmen denkt an ein beruhigendes Wort oder einen kurzen Satz, zum Beispiel „Ich bin ruhig", welchen ihr gedanklich aussprecht. Wiederholt diesen Vorgang mindestens fünfmal.

• Bauch-Atmung

Atmet durch die Nase ein und versucht, den Atem tief in den Bauch fließen zu lassen, die Bauchdecke hebt sich. Haltet kurz den Atem an und atmet ungefähr doppelt so lange wieder durch die Nase oder den Mund aus. Die Bauchdecke senkt sich wieder. Wiederholt diese Übung auch mindestens fünfmal oder öfter.

• Herz-Atmung

Atmet tief durch die Nase gedanklich in euer Herz ein, füllt euer Herz mit eurem Ein-Atem und mit strahlender Lichtenergie aus, verweilt vier Sekunden in dieser Lichtquelle und atmet durch die Nase oder den Mund wieder doppelt so lange, also für acht Sekunden, aus. Der Lichtstrahl soll euren Aus-Atem begleiten und im Anschluss euer Herz einhüllen. Wiederholt diese Atemübung auch mindestens fünfmal. Ihr könnt auch den Tag so beginnen und euch eine vitalisierende Lichtenergie vorstellen. Abends ist die mit dem Ein-Atem zugeführte Lichtquelle dann beruhigend, damit die Entspannung vor dem Einschlafen gefördert wird.

e) Meditation

Diese Methode des Abschaltens und der Entspannung sowie das Eintauchen in eure innere Welt ist ein für euch sehr wichtiger Teil in dem Bereich der mentalen Gesundheit. Ihr beginnt jeden Morgen mit eurem Herzritual in Dankbarkeit und einer kleinen Meditation. Dies soll euch auf einen neuen wunderbaren Tag einstimmen!

Ihr findet heutzutage schon sehr viele gute Anleitungen für Meditationen in der Fachliteratur oder auf den diversen Plattformen im Internet.

Das gedankliche und geistige Loslösen von der äußeren Welt im Hier und Jetzt durch die Meditation hilft euch, viele Situationen, die euch belasten, aufzuarbeiten und am Ende sogar eine Lösung zu finden. Ihr fühlt euch danach leichter und gelassener und seht nach der Rückkehr aus eurer inneren Welt die Dinge oft von einem anderen Blickwinkel aus. Eure Perspektive hat sich dadurch geändert. Es wird euch klar, was zu tun ist, um wieder in Balance kommen zu können.

In meinen Kursen füge ich nach einer Bewegungseinheit, wenn es die Zeit zulässt, öfters eine Entspannungseinheit hinzu. Es folgt eine Sequenz von autogenen Übungen oder eine Folge der Progressiven Muskelrelaxation oder eine meditative Fantasiereise, in welcher man an einen schönen Ort versetzt wird. Es wird in der folgenden Variante die Umgebung beschrieben und es werden alle fünf Sinne angesprochen wie zum Beispiel bei meiner **„Herz-Meditation“:**

„Ihr seid an einem wunderschönen Strand und spürt die Wärme der Sonne auf der Haut, den Wind, der durch das Haar streift, ihr hört das Rauschen des Meeres und das Geräusch des Windes. Ihr seht

die prächtigen Farben der Blumen und Pflanzen und schmeckt die Frische der Luft, atmet tief ein und lasst den Atem in den Bauchraum strömen, haltet kurz inne und lasst den Atem wieder durch den Mund ausströmen. Ein angenehmes Gefühl der Entspannung fließt durch euren Körper und ihr verspürt ein tiefes Gefühl der Dankbarkeit in euren Herzen. Dieses Gefühl breitet sich in jeder Zelle eures Herzens aus, bei jedem Einatmen verstärkt und erhöht ihr die Wirkung dieser intensiven Wahrnehmung! Beim anschließenden Ausatmen lässt ihr diese „Herz-Liebe" in euren gesamten Körper strömen, dieses Gefühl soll euch erfassen und einhüllen. Ihr stellt euch euer Herz wie eine Lichtquelle vor, die immer mehr nach außen strahlt und eure Umgebung erfassen darf. Ihr genießt dieses angenehme und inspirierende Bad der leuchtenden Herz-Energie, verbindet eure Seele, euer Herz und all euer körperliches Sein damit. Euer Ein-Atem erfüllt wieder euer Herz, sowie anschließend euer Aus-Atem aus eurem Körper strömt und auch gleichzeitig ein tiefes Gefühl der Dankbarkeit und des Glücks vermittelt. Ihr atmet noch drei bis vier Male auf diese Weise tief durch die Nase ein und durch den Mund wieder aus. Danach kehrt ihr wieder in die äußere Welt, in das Hier und Jetzt mit noch geschlossenen Augen zurück. Ihr genießt die Herz-Energie, die euch umgibt, und öffnet dann langsam wieder eure Augen."

f) Die Stilleübung

Manche Menschen suchen auch, um abschalten zu können, die Stille. Diese Ruhe könnt ihr in der Natur wie zum Beispiel im Wald, in den Bergen, in anderen wunderbaren Landschaften oder auch am Meer finden. Man kann sich auch einmal ganz alleine an einen gewählten Ort im Freien zurückziehen und eine Wanderung oder auch einen längeren Strandspaziergang genießen. Man sucht sich einen schönen Platz und lässt sich dort nieder. Man beginnt die Entspannungssequenz in der Stille mit einer Atemübung und setzt mit einer Meditation fort.

Durch die verschiedenen Entspannungstechniken soll sich zum Beispiel der emotionale Zustand von Angst oder Wut zu einem Gefühl der Gelöstheit und Geborgenheit wandeln. Das Gefühl der Sorge löst sich auf und euer Urvertrauen wird gestärkt, Heilprozesse können in eurem Körper ausgelöst werden. Eure Selbstheilungskräfte werden aktiviert und die positiven Prozesse in eurem Organismus gefördert. Bei oftmaliger Anwendung erhaltet ihr dann eine entspanntere Grundhaltung.

7.5.2 Passive Entspannung

Im Allgemeinen versteht man alle Bereiche darunter, bei welchen man selbst nicht aktiv wird, sondern sich ein anderer freundlicher Mensch um euer Wohlbefinden sorgt. Das kann eine angenehme Massage oder eine andere Behandlung sein, die für euren Körper und für eure Seele eine Wohltat und eine schöne Möglichkeit der Entspannung ist. Ihr sollt und dürft euch immer wieder in regelmäßigen Abständen diese wunderbaren Anwendungen gönnen, denn dabei wird nicht nur euer Körper, sondern auch eure Seele verwöhnt.
Ihr findet in den meisten Wellness- oder SPA-Abteilungen (Abkürzung für „sanus per aquam“ bedeutet „gesund durch Wasser“) Einrichtungen wie Sauna, Dampfbad, Infrarot-Kabine und so weiter, die wir gerne nach persönlicher Vorliebe und nach Empfehlung der Therapeut*innen vor oder nach den Behandlungen für unsere passive Entspannung nützen können und damit zusätzlich auch unsere mentale und physische Gesundheit fördern.

Jean-Baptiste Massillon

»Dankbarkeit ist die Erinnerung des Herzens.«

8. Das heutige Leben – 20 Jahre nach dem Herzinfarkt

8.1 Ein Neubeginn – die Schwesternliebe bleibt

Es ist kaum zu glauben, aber das letzte Kapitel beginnt und die Reise geht bald zu Ende. Wie sieht nun das Leben, zwanzig Jahre nach diesem einschneidenden Erlebnis, aus?! Was hat sich für Petra und auch für mich verändert, wohin hat uns das Leben hingeführt?! Ihr, liebe Leser*innen, habt Petra und mich bei diesem Prozess begleitet und dafür möchten wir uns einmal ganz herzlich bedanken!

Nach diesen vielen Jahren endet auch für uns diese Reise im Hier und Jetzt, wir haben uns gefragt und auch analysiert, auf welche Art und Weise uns „der Herzinfarkt" geprägt, was er vor allem im Leben von Petra und auch von mir verändert hat. Viel ist schon in diesem Werk darüber erzählt worden, aber wie führt Petra ihr „zweites Leben" danach und kann sie eine Bilanz zum jetzigen Zeitpunkt ziehen?! Wir haben sehr viel darüber nachgedacht und die Zeit danach ist uns immer wie „ein Neubeginn" erschienen. Alle Aspekte, Sichtweisen und Blickwinkel in unserem Leben „danach" wollten wir darauf ausrichten, das sogenannte „neue Leben" so anzulegen und zu ordnen, dass die DANKBARKEIT über den positiven Ausgang der wichtigste Bestandteil sein soll und wir euch unsere Erfahrungen und Kenntnisse in diesem Buch weitergeben möchten.

Jede von uns beiden hat durch dieses Ereignis so viel mitnehmen dürfen! Es war mir wirklich ein Bedürfnis, das alles für euch in Buchform niederzuschreiben! Das Verfassen dieses Buches sowie die Arbeiten, die sich dadurch ergaben, lösten in mir und auch in Petra einen Prozess der Selbsttherapie sowie der persönlichen Weiterentwicklung aus, worüber wir unendlich glücklich und dankbar sind.

Die besondere Verbundenheit als Schwestern hat das Entstehen dieses Buches erst möglich gemacht. Unsere geistige und seelische Verbindung erfuhr durch diese schicksalhafte Zeit eine noch intensivere Prägung und ein besonderes Wachstum. Die Schwesternliebe zwischen uns nahm während des Zeitraums, als sich Petra im Komazustand befand und ich Angst hatte, meine geliebte Schwester vielleicht doch noch zu verlieren, eine neue Dimension an. In dieser Phase entwickelte und intensivierte sich die Herzensverbindung zwischen uns beiden Schwestern auf eine bedingungslose Art und Weise.
Durch diesen „Schlag des Schicksals“ war sie zu meinem „Schwesterherz“ geworden, was im wahrsten Sinn des Wortes eine besondere Bedeutung hat:

Das schönste und größte Geschenk ist, die geliebte Schwester wohlbehalten zurückerhalten zu haben!

In dem folgenden Abschnitt werden die einzelnen Familienmitglieder von mir zu ihrer Perspektive vom heutigen Zeitpunkt aus befragt:

8.2 Die Gedanken zur heutigen Sichtweise zu dem damaligen Ereignis von Petra (52 Jahre)

Als ich meine Schwester Petra danach fragte, was ihr denn als erstes dazu einfällt, wenn sie aus jetziger und heutiger Sicht auf damals zurückblickt, sagte sie mir, ohne lang darüber nachzudenken: „Ich sehe es noch immer als ein großes Geschenk an, sozusagen ein „zweites Leben" bekommen zu haben, aber auch als einen Auftrag, diese einmalige Chance zu nützen und etwas Positives daraus zu erschaffen. Wir alle haben eine sogenannte Selbstverantwortung und sollen in diesem Zusammenhang auch unsere Gesundheit „als unser wertvollstes Gut" schätzen und auch wirklich alles dafür tun, diesen Schatz zu erhalten, unser Leben lang dafür sorgen, dass sich unsere Seele in einem gesunden Körper wohlfühlen darf, denn sie hat nur diesen einen Ort hier auf Erden als Wohnung zur Verfügung."
Diese Wertschätzung ihrer Gesundheit und eine große Dankbarkeit füllen ihr Leben aus, eine positive Lebenseinstellung und eine Lebensfreude an den schönen Dingen, die bereits in ihrem Leben vorhanden sind. Alle diese Möglichkeiten hätte sie ja bereits fast verloren und dafür ist ihr täglicher Leitsatz, den sie sich sagt, wenn sie am Morgen wieder erwacht: „DANKE, für diesen neuen Tag, welcher mir täglich neue Möglichkeiten zeigt, dieses wunderschöne und bunte Leben mit all seinen Facetten einfach LEBEN zu dürfen."

8.3 Die Erinnerungen von Eva (Schwester, 59 Jahre)

Nach dem Interview mit meiner Schwester Petra war ich so beeindruckt, wie sich meine „kleine Schwester von damals" weiterentwickelt hat, an dieser Herausforderung gewachsen ist und wie sie ihre Perspektiven in ihrem „neuen Leben" verändert und umgestaltet hat.

Ich bin so stolz auf sie und sehe es ebenfalls als ein großes Geschenk an, ihr damals zur Seite gestanden haben zu dürfen und es mir möglich gemacht wurde, ihre persönliche Entwicklung, die sich für mich wie die eines „Phönix aus der Asche" angefühlt hat, mitanzusehen.

Wenn ich nun mit meinen Gedanken zu dem 05.05.2002 zurückgehe, nehme ich in erster Linie ein tiefes Gefühl der Erleichterung wahr, dass ja doch noch alles gut ausgegangen ist. In zweiter Linie verspüre ich eine Art von Selbstverantwortung, dieses Erlebnis und den positiven Ausgang zum Anlass zu nehmen, gemeinsam mit Petra eine Mission zu haben, etwas zu erschaffen, das vielen anderen Menschen dabei hilft, ihren eigenen Herzensweg zu gehen und ihr HERZ dabei gesund zu erhalten.

8.4 Die Gedanken von Lisa-Marie, wenn sie an den Tag von damals zurückdenkt (Tochter, 29 Jahre)

Lisa-Marie, heute eine sehr hübsche, junge und selbstbewusste Frau, erzählte mir, dass sie sehr dankbar und überglücklich sei, dass das damalige Ereignis mit ihrer Mama doch noch einmal gut ausgegangen ist. Sie meinte aber auch, dass sie dieses Schicksal doch sehr geprägt hat und es am besten gewesen wäre, wenn das alles gar nicht stattgefunden hätte. Sie war an diesem Tag ein kleines Mädchen von sieben Jahren und erlebte einen Schicksalsschlag, welcher für sie fast unüberwindbar gewesen sein musste und es war für sie eine Herausforderung

damit zurechtzukommen, ihr ganzes zukünftiges Leben wurde dadurch beeinflusst. Dann aber sprach sie und lächelte mir zu: „Weißt du Tante Eva, ich bin aber doch so froh, dass ich an diesem Tag zu Hause bei Mama war, sonst hätte ich ihr ja nicht helfen oder hätte ja gar nicht die Oma und den Opa anrufen können, das Wichtigste ist ja, dass alles doch noch ein gutes Ende gefunden hat."
„Da hast du vollkommen recht Lisa-Marie, du hast eigentlich der Mama das Leben gerettet, denn wenn du nicht da gewesen wärest und Hilfe gerufen hättest, wäre alles vielleicht ganz anders ausgegangen! Du bist sozusagen die Lebensretterin deiner Mama!", erwiderte ich und meine Nichte sagte zu mir, dass sie das so eigentlich noch nie so gesehen hätte, obwohl ihr während unserer Unterhaltung die Freude und das Glück ins Gesicht geschrieben standen.

Es war dann noch eine Frage, die ich Lisa-Marie unbedingt stellen musste, da ich sie dies noch nie gefragt hatte und es mir auch sehr wichtig erschien, darüber Bescheid zu wissen.
„Wenn du dich an die damalige Situation genau zurückerinnerst, gibt es da einen Moment, der dich vielleicht bis heute noch begleitet und den du noch nicht vergessen hast?", fragte ich meine Nichte. „Ja, es ist genau der Moment, wo ich auf den Monitor schaute, der die Herztätigkeit meiner Mama aufzeichnen sollte und dieses Gerät zeigte aber eine Nulllinie an und es ertönte dieses Signal, welches einen Herzstillstand bedeutete. Da überkam mich ein Gefühl der Panik und Angst und ich lief zu meinem Opa, welcher sofort mit mir aus der Wohnung hinaus auf den Gang ging und mich dann in den Arm nahm und mich zu beruhigen versuchte, da ich natürlich weinte und große Angst hatte, meine Mama zu verlieren!" Lisa-Marie erzählte

noch weiter: „Dann haben ja Gott sei Dank die Ärzt*innen ihr Herz wieder zum Schlagen gebracht und sie wurde mit dem Hubschrauber in das Krankenhaus geflogen. Da war ich dann schon viel beruhigter und hatte wieder Hoffnung, dass meine Mama doch nicht sterben müsse."
Ich habe meine Nichte dann noch gefragt, wie denn die Besuche bei ihrer Mama im Krankenhaus gewesen seien und ob sie sich auch daran erinnern kann. Lisa-Marie meinte, dass sie diese Besuche und den damaligen Anblick ihrer Mama, die sich ja im Komazustand befand, immer zu verdrängen versucht hatte und berichtete mir, dass doch hin und wieder der Gedanke während der Besuche bei ihrer Mama aufgetaucht sei, dass sie vielleicht nie mehr wieder aufwachen würde und sie sie dann nur mehr am Friedhof besuchen könne.

Meine Nichte wurde zu diesem Zeitpunkt auch psychologisch therapiert, Lisa-Marie erzählte aber weiter und sagte, dass ihr die Gespräche mit ihrer Cousine Birgit, die drei Jahre älter als sie war, besonders geholfen hätten. Sie hätte mit ihr immer wieder über diese Situationen gesprochen und auch sehr oft mit Birgit gemeinsam gebetet, dass ihre Mama ganz bald wieder gesund werden würde. Lisa-Marie meinte, dass sie durch die liebevolle Aufnahme in unsere Familie in dieser schicksalhaften Situation vollkommen aufgefangen worden ist und diese Zeit, die sie auf unserem Hof bei uns am Land verlebt hatte, sich sozusagen wie eine Art von Therapie bei ihr ausgewirkt hätte. Die meisten Ängste wurden durch die Teilnahme an unserem Familienleben und durch viel Ablenkung in diesem Zeitraum verarbeitet und Lisa-Marie konnte ihre weitere Kindheit relativ unbeschwert erleben.

8.5 Die Sichtweise der Eltern von Petra und Eva

Mutter (Herta Bauer, 84 Jahre):
Bei der Befragung meiner Mutter gab sie mir folgende Antwort: „Wenn ich mich heute an die damalige Situation zurückerinnere, rinnt mir jetzt noch immer am ganzen Körper der kalte Schauer herunter, denn es war wirklich sehr knapp, dass das Leben von Petra gerettet werden konnte. Die ganze Situation war so aufregend und in einer gewissen Weise natürlich auch enorm belastend für eine Mutter, die um das Leben ihres Kindes bangen musste. Es war auch länger nicht ganz klar, ob Petra wieder ganz gesund werden würde und ob ihr Herz oder auch Gehirn durch den Herzstillstand geschädigt wurden. Damals war es auch nicht absehbar, ob mit dauerhaften gesundheitlichen Konsequenzen gerechnet werden musste. Ich bin daher sehr dankbar und glücklich, dass alles einen so guten Ausgang genommen hatte."

Vater (Hans-Peter Bauer, 83 Jahre):
Als letzten Interviewpartner befragte ich unseren Vater, der ja auch am damaligen Tag anwesend und in den schicksalhaften Ablauf eingebunden war. Bei der Frage nach seiner Sicht oder welches Gefühl er hat, wenn er sich zurückerinnert, antwortete er mir: „Wenn ich daran zurückdenke, kann ich nur der Mama zustimmen und betonen, dass die positive Fügung, dass alles gut ausgegangen ist und unsere Tochter wieder gesund geworden ist, für mich das größte Glück ist! Für Eltern, sowohl für einen Vater als auch für eine Mutter, ist so eine extreme Situation besonders belastend. Man kann es kaum beschreiben, wenn der Gedanke präsent ist, dass die Möglichkeit besteht, ein Kind für immer zu verlieren, dann verschwimmt alles an-

dere, was man davor für wichtig gehalten hatte. Es zählt nur mehr das Überleben der eigenen Tochter, alle anderen Faktoren treten in den Hintergrund. Wenn meine Gedanken zu diesem Tag, dem 05.05.2002, zurückwandern, fällt mir dazu nur ein: ‚Lieber Gott, DANKE, dass du uns unsere Tochter nicht genommen hast, sondern sie gesund weiterleben durfte und ich genieße auch heute jeden Augenblick intensiver, als ich dies in der Zeit davor getan habe.'"

Das Leben nach den zwanzig Jahren steht nun wirklich in keinem Vergleich zu jenem davor, in vielen Bereichen durften wir dazulernen und eine Neuausrichtung erfahren. Nach unserer Ausbildung als Gesundheitstrainerinnen versuchten wir in vielen Kursen „mit Herz" daranzugehen, Menschen in der Art zu unterstützen, auf ihren Körper, aber auch auf ihre innere Stimme zu hören. Wir förderten die Gesunderhaltung unserer Kursteilnehmer*innen durch das Vermitteln von Wissen sowie Erlernen von Übungen und Methoden zur Entspannung.

Im sogenannten „Leben danach" wollten wir der Welt auch etwas dafür zurückgeben, eben unseren Beitrag zu leisten. Petra hatte das Glück und die Chance gehabt und sozusagen ein „zweites Leben" geschenkt bekommen. Für mich als Schwester war es sonnenklar, mich an diesem Vorhaben zu beteiligen. Ich hatte ja auch einen Wink des Schicksals bekommen, nun auf meine „kleine" Schwester auch wirklich aufzupassen und war unendlich froh und glücklich, sie in meinem neuen Leben wieder wohlbehalten „zurückbekommen" zu haben!

Petra wusste, dass in ihrem Fall ein Heer an Schutzengeln unterwegs gewesen sein muss, denn sonst hätte alles ganz an-

ders ausgehen können. Natürlich hat sie sich oft ausgemalt, was dann passiert wäre, wenn sie die Ärzt*innen nicht in dieses Leben wieder zurückgeholt hätten?
Petra hatte mich ja einige Tage vor ihrem Herzinfarkt gefragt, ob im Falle ihres Ablebens ich die Obsorge ihrer kleinen Tochter und meiner Nichte, Lisa-Marie, übernehmen würde. Lisa-Marie war sehr oft bei meiner Familie am Land zu Besuch und es war eigentlich ihr zweites Zuhause. Es war für meine ganze Familie selbstverständlich und keine Frage, dass sie sich in so einer Situation für immer bei uns aufgehoben und geborgen fühlen würde können. Gott sei Dank hat sich diese Frage ja nicht gestellt. Lisa-Marie war sowieso immer willkommen und verbrachte einen Großteil ihrer Kindheit auf dem Lande am Hof meiner Familie.

Dieser Schicksalsschlag vor mehr als zwanzig Jahren hat uns beide Schwestern, Petra und mich, wirklich so sehr geprägt. Es haben sich auch erhebliche Auswirkungen auf unser neues Leben ergeben und wir durften viele neue Erkenntnisse dazugewinnen. Diese Lebenserfahrungen sowie den laufenden Prozess unseres sogenannten „neuen Herzbewusstseins" möchten wir auch zukünftig mit euch teilen.

Bei unserer Arbeit als Gesundheitstrainerinnen macht uns besonders die Kommunikation und die Arbeit mit den Menschen sehr viel Freude. Wir möchten auch weiterhin gemeinsame Projekte machen und werden in Workshops, Seminaren oder auch bei Vorträgen tätig sein, so viele Menschen wie möglich sollen miteinbezogen werden.
Es ist mir eine Herzensangelegenheit, mit diesem Buch ein Zeichen der Dankbarkeit und Liebe zu setzen. Durch unsere

Tätigkeit als Schwestern mit euch möchten wir der Welt etwas zurückzugeben, das Petra und ich in unserem Leben erfahren durften.

Ich freue mich einerseits sehr, dieses Werk nun beenden und an euch weitergeben zu dürfen, andererseits schwingt ein bisschen Wehmut in meiner Stimmung mit, dass wir alle nun bereits am Ende angelangt sind. Ich bin aber auch sehr stolz darauf, dieses Vorhaben nun auch wirklich in die Umsetzung gebracht zu haben und möchte euch auch gerne mitteilen, dass dieses nicht das einzige und letzte Werk bleiben wird. Eine Fortsetzung ist auf jeden Fall geplant und die Vorfreude ist schon jetzt riesengroß, wieder ein neues Projekt zu beginnen und euch dann hoffentlich wieder an unserer Seite haben zu dürfen.

Danksagungen:

Dankbarkeit gegenüber meiner Familie und meinen Freund*innen ist für mich ein bedeutender und wichtiger Bestandteil meines Lebens!

Mein Ehemann, **Franz,** dem ich liebevoll verbunden bin und, der in unserer 36-jährigen Ehe auch zu meinem besten Freund geworden ist, hat mich bei meinen Vorhaben immer unterstützt und mich darin bestärkt, die Dinge zu tun, die mir für meinen weiteren Lebensweg und für ein zweites „berufliches Standbein" wichtig sind.
Ich möchte mich dafür bei ihm herzlich bedanken.

Ein großes Dankeschön und Lob möchte ich auch meiner Tochter, **Sigrid-Sophie,** die Ältere meiner beiden Töchter, zukommen lassen. Sie ist Ärztin und hat den Text und Inhalt gemeinsam mit meinem Schwiegersohn **Simon,** der selbst auch Arzt (Urologe) ist, auf die medizinische Korrektheit durchgelesen und geprüft. Auch Simon möchte ich meinen herzlichen Dank dafür aussprechen. Bei meinem Vorhaben haben mich beide immer zum Weitermachen motiviert. Ich bin sehr stolz auf Sigrid-Sophie, wie gut sie ihre ärztliche Ausbildung im Ausland gemeistert hat und ich auch von ihr sehr viel lernen konnte. Unser Verhältnis hat sich von einer Mutter-Tochter-Beziehung, als Sigrid erwachsen wurde, immer mehr zu einer engen Freundschaft entwickelt.

Bei meiner jüngeren Tochter **Birgit** möchte ich mich auch herzlich für ihre motivierende und vor allem mentale Begleitung bedanken, die mir bei der Entstehung dieses Buches sehr viel Halt und Unterstützung gegeben hat.

Durch die vielen Gespräche, die wir immer wieder miteinander geführt haben, war ich manchmal von ihrer Einstellung und der Sichtweise, die sie vertrat, wirklich beeindruckt und ich habe mir von ihrem Wissen in diesem Bereich auch einiges abgeschaut und auch angeeignet. So wie mit meiner anderen Tochter, Sigrid-Sophie, hat sich unser Mutter-Tochter-Verhältnis mit der Zeit immer mehr zu einer freundschaftlichen Beziehung entwickelt.

Ein großer Dank gilt auch meinem Sohn, **Franz junior,** der mich immer in technischer Hinsicht und im IT-Bereich betreut und sehr unterstützt hat. Er hat mir von sich aus immer seine Hilfe angeboten und sich auch vom Ausland aus in meinen Computer eingeloggt, um mich technisch auf den neuesten Stand zu bringen und hat auch meinen Laptop, womit ich dann von überall ausarbeiten konnte, so eingerichtet, dass ich mit der Handhabung leicht zurechtkommen konnte.
Ich liebe alle meine drei Kinder sehr und bin glücklich und stolz, dass sie sich zu so wertvollen und erfolgreichen Menschen entwickelt haben.

Der aufrichtigste und größte Dank gilt natürlich meiner Schwester **Petra,** die mir durch ihre schicksalhafte Geschichte die Basis zu diesem Buch gegeben hat. Ich habe anhand ihrer vielen Erzählungen, die sie mir in vielen langen Gesprächen immer wieder vermittelt hat, begonnen über ihre Geschichte zu schreiben, die in einen Gesundheitsratgeber eingebettet werden sollte. Ich liebe meine jüngere Schwester von Herzen und ich bin so froh, mich dann wirklich dazu durchgerungen zu haben, ihre Geschichte in Worte zu fassen und dieses Buch gemeinsam mit ihr gestaltet zu haben.

Quellenverzeichnis

- Ahrens-Azevedo Ulrike, Günther Beate, Pletscher Beate, Schneider Georg (2000), Ernährungslehre zeitgemäß und praxisnah
- Albrecht Karin, Meyer Stephan, Zahner Lukas (2001), Stretching, das Expertenhandbuch
- Bernstein A. Douglas (2000), Handbuch der Progressiven Muskelentspannung
- Carnegie Dale (2012), Sorge dich nicht, lebe!
- Fritsch Hubert (2003), Nie wieder Rückenschmerzen
- Güllich Arne, Krüger Michael (2023), Bewegung, Training, Leistung und Gesundheit
- Haber Paul (2001), Leitfaden zur medizinischen Trainingsberatung
- Heart Math Institute (www.heartmathdeutschland.de)
- Herold Gerd, Dr. med. (2023), Das Lehrbuch der Inneren Medizin für die ärztliche Ausbildung
- Jopp Andreas (2020), Risikofaktor Vitaminmangel
- Leitzmann Claus, Müller Claudia, Michel Petra, Brehme Ute, Hahn Andreas, Laube Heinrich (2003), Ernährung in Prävention und Therapie, 2. überarbeitete Auflage
- Schneider Georg (2000), Ernährungslehre zeitgemäß und praxisnah
- Schultz Johannes Heinrich (2000), Das Original Übungsheft für das Autogene Training
- Seiler Laura Malina (2019), Schön, dass es dich gibt
- Seiler Laura Malina (2020), Mögest du glücklich sein
- Ungaro Alycea (2004), Pilates Training
- Zapletal Pat (2002), Fit in der zweiten Lebenshälfte
- Zitate: www.zitate.net

Fotos: private Aufnahmen
Tabellen: von der Autorin erstellt